SNS를 활용한 인터넷 창업

김영문

집현재

머리말

아름다운 삶, 사랑 그리고 마무리…

1997년 11월에 한국이 경제부도의 위기로 내몰리면서 수많은 직장인들이 정든 회사를 떠나 길거리로 쏟아져 나왔었는데, 그때에 실직자들을 위해 막연히 무엇인가 도움이 되는 일을 해야 하겠다는 생각을 갖고 금훈섭 (주)이야기 대표, 신순희 (주)모든넷 대표, 하태호 사랑넷 대표 등을 만나서 1998년 8월에 한국소호벤처창업협의회(soho.sarang.net)라는 이름으로 모임을 만들었습니다. 무엇인가 거창한 단체를 만들겠다는 생각보다는 삶의 터전을 잃고 희망을 잃어버린 실직자들에게 조그마한 도움이라도 드리고 싶었습니다,

그 이후 1999년 3월에 계명대학교 대명캠퍼스 시청각실에서 대구광역시 곽영길 당시 주임의 도움을 받아서 「'99 소호창업박람회」를 개최하였는데, 아마도 3,000명 정도는 참가한 것으로 기억이 납니다. 부스 40개를 설치하였고 세미나도 진행하였는데, 그 당시 신일희 계명대학교 총장님을 비롯한 참석한 내빈들이

박람회장에 들어가기도 힘들 정도로 많은 예비창업자들이 참석을 하였습니다. 개회사를 하면서 벤허 영화를 감독한 윌리엄 와일러가 시사회에서 말한 "하느님, 이 영화를 정말 제가 만들었습니까?"를 인용하면서 감격해 했던 생각이 아직도 생생합니다.

1999년 10월에는 중소기업청으로부터 한국소호진흥협회(www.sohokorea.org)로 명칭을 변경하여 사단법인 인가를 받았는데, 그 당시에 신민철 사무관께서 사단법인 인가를 받을 생각이 없느냐고 했을 때에 처음에는 거절했던 생각도 납니다. 사단법인을 만들기 위해서 창업분야의 일을 하였던 것도 아니었고, 굳이 사단법인이 필요하지 않았던 것입니다. 그 이후 한두 번 정도 더 전화를 받고서야 사단법인을 만들어서 일을 해야 하겠다는 생각을 하였습니다. 그때에는 소호(soho)라는 말보다는 벤처(venture)라는 말이 더 인기가 있었기 때문에 소호관련 협회를 운영하는 것이 매우 힘들기도 하였습니다.

2001년에는 뉴비즈니스연구소(www.newbiz.or.kr) 사이트를 뜻을 같이 하시는 분들과 함께 개설하였는데, 그것은 생각하는 창업, 연구하는 창업, 뿌리가 있는 창업의 필요성을 느끼면서, 창업도 조사와 연구를 통해서 발전할 수 있다는 것을 알았기 때문입니다. 다른 사람의 아이템을 베끼거나 대충 시작해서는 절대로 성공창업을 보장받을 수 없기 때문입니다. 개인적으로 볼 때에는 뉴비즈니스연구소(www.newbiz.or.kr) 사이트를 오픈하면서 창업관련 조사 및 연구 활동을 활발하게 진행하였습니다. 물론 뉴비즈니스연구소라는 사이트가 설립 취지에 맞게 성공하였다고는 할 수가 없으나 창업분야에서 조사 및 연구가 얼마나 중요한가를 깨닫게 된 계기가 되었습니다.

2003년도에는 저에게 전혀 예상하지 못한 일이 일어났습니다. 그것은 계명대학교 벤처창업보육사업단의 설립을 위해 일을 하였지만, 설립 후 전혀 사업단의 운영에 참여하지 못해 많은 서러움을 갖고 있었던 저에게 사업단장이라는 직책이 맡겨지게 되었습니다. 제가 그 일을 맡게 될 것이라고는 꿈에도 생각하지 않았기에 혼신의 힘을 다해서 열심히 일을 하였다고 자부합니다.

2003년 2월 1일부터 계명대학교 벤처창업보육사업단(www.kubic.co.kr)의 단장으로 일을 하면서 중소기업청 평가에서 대구경북지역 36개 창업보육센터 중에서 유일하게 6년 연속 최우수 평가를 받았습니다. 2005년에는 정보통신부장관 표창을 받았으며, 그해 전국 최우수 창업보육센터장으로 선정되어 산업자원부장관 표창을 받기도 하였습니다. 이러한 업적들은 함께 수고한 박신제 매니저, 정태용 매니저, 차재민 매니저, 김미영 매니저 등 사업단에 근무하는 모든 분들의 수고 때문이라고 생각하며, 고마움을 전하고자 합니다.

이렇게 창업분야의 일을 하다보니 방송과도 인연이 많았습니다. 1999년에는 TBC 라디오 박원달PD와 인연을 맺으면서 「알기쉬운 경제교실」에 1년 6개월간 출연하였으며, TBC TV의 아침방송에서 이학락PD와 함께 「클릭! 김영문의 인터넷세상」을 6개월간 진행하였으며, KBS 1라디오에서 김지인 부장과 「창업이 보인다」라는 프로그램 꼭지에 4년 이상 고정 출연을 하였습니다.

언론활동 중에서 아마 가장 기억에 남은 방송이라면 당시 KBS 9시뉴스 진행자였던 황현정 아나운서와 서울 여의도에서 소호창업에 대해 2시간 생방송을 했던 것이었습니다. 처음에는 힘들었던 방송이 그 이후에는 너무 쉽게 느껴졌으나 이제는 말 한마디에도 책임감을 느끼는 시간들이 되었습니다. 저의 한마디로 인해 방송을 보고 듣는 분들에게는 알토란 같이 모은 전 재산을 날릴 수도 있다는 것을 알게 되었기 때문입니다.

2004년 4월 20일에는 사랑나눔재단(www.mis.or.kr)을 예수그리스도의 인도하심으로 설립하여 2006년 2월 22일에 대구광역시로부터 사랑나눔회(www.mis.or.kr, 현재 웹사이트는 폐쇄하였으며 cafe.daum.net/isoho2jobs에서 통합 운영하고 있음)로 명칭을 변경하여 비영리민간단체(Non-Profit Organization, NPO)로 인가를 받았습니다. 사랑나눔회는 저의 삶에서 가장 중요한 일 중의 하나이기도 하였으며, 거듭나는 삶의 은사를 받는 계기를 마련해 주었습니다. 천상천하유아독존(天上天下唯我獨尊)과 같은 삶에서 낮추고, 덜어내고, 긍휼히 여기는 마음을 갖도록 오래 전에 예수그리스도께서 저에게 예비하신 길이었다는 것을 굳게 믿습니다.

사실, 1998년부터 무엇 때문에 제가 창업분야의 일을 하게 되었는가에 대해 가끔 스스로에게 궁금하게 생각을 하였는데, 지금 생각해 보면 사랑나눔회를 위한 준비와 훈련을 시키신 것이었다고 생각됩니다. (사)한국소호진흥협회에서 일을 하면서 프랜차이즈 본사와의 갈등이 너무 많아서 협회의 운영에 대해 좌절과 회의가 많았는데, 사랑나눔회에서 봉사를 하면서 나눔의 즐거움과 기쁨의 시간이 너무 많았습니다. 창업이라는 분야에서도 늘 다른 곳에서 방황하다가 이제야 제가 있어야 하는 곳에 왔다는 생각을 하게 되었습니다.

2005년 9월 1일에는 뉴비즈니스연구소 카페(cafe.daum.net/isoho2jobs)를 개설하였는데, 예비창업자들을 위해 매주 창업행사를 개최하며 창업상담도 해 드리는 기회를 만들어 보기 위함이었고, 아울러 사랑나눔회를 운영하기 위한 복지기금이 필요했기 때문이기도 하였습니다. 카페에서 진행하는 행사에 오시는 모든 분들이 사랑나눔회의 아름답고 따뜻한 후원자라는 것을 생각할 때에 그저 감사한 마음뿐입니다. 그 분들의 참가비는 한 푼의 낭비도 없이 예수그리스도께서 보시기에 부끄러움이 없도록 장애인, 모자가정, 교도소 수용자 등의 소외계층과 국내외의 선교사업을 위해 사용되고 있습니다.

2010년 3월 10일에는 대구경북창업카페연합회(cafe.daum.net/isoho2jobs)를 설립하였는데, 그것은 활동의 범위를 대구경북지역으로 한정하여 창업을 해야 하는 분들에게 소박하게 봉사하기 위함이었습니다. 이를 위해 사단법인 한국소호진흥협회 및 여러 관공서의 각종 위원 등을 모두 정리하였습니다. 남은 삶을 한 곳에 헌신하고, 그리고 아름답게 마무리를 하기 위한 마지막 준비라는 생각을 하였습니다.

사실 1998년 8월 이후 창업분야의 일을 하면서 주머니에는 늘 위장약을 갖고 다니면서 복용하였으며, 2003년 5월에는 의식을 잃고 택시에 실려 병원에 가기도 하였습니다. 그때에는 식구들도 몰라보게 되었는데, 택시를 타고 병원에 가면서 조금씩 의식을 회복하게 되었습니다.

하지만, 또 다시 2009년 11월 28일 토요일 저녁에 잠을 자다가 뇌출혈로 다시 병원에 가게 되었으며 병원에 도착하자마자 의식을 잃고 뇌수술을 받게 되었습니다. 8일 만에 의식을 다시 찾았으며, 16일간의 중환자실 및 총 27일간의 입원을 통해 겨우 생명을 다시 찾았습니다.

한편, 2011년 3월에는 연구년 기간 중에 창업선도대학 계명대학교 창업지원단의 기술창업육성부장이라는 보직을 발령받았고, 그해 11월 1일에는 창업지원단장의 보직을 발령받아 2013년 1월 31일까지 일을 하였습니다. 오직 예비창업자들만을 생각하면서 정말로 열심히 일을 하였으며, 2011~2012년의 창업선도대학 사업실적 평가에서 전국 18개의 창업선도대학 중에서 1위를 하였습니다. 하지만, 과로 및 스트레스로 인해 2012년 말에 뇌출혈의 후유증으로 인해 2번이나 쓰러져서 창업지원단장의 직에서 사임을 하고 연구실로 돌아왔습니다. 앞으로 계명대학교에서의 남은 시간들은 교수라는 위치로 온전히 돌아와서 학생들에게는 좋은 강의를 하고, 창업의 모든 분야를 더 깊이 있게 연구하기 위해서 모든 시간을 보내게 될 것입니다.

오랜 시간을 되돌아 가보면, 대학교 3학년 때에 학회장에 출마하면서 선거유세를 위해 강의실을 다니면서 「不義와 타협하지 않겠습니다.」라는 글자를 칠판에 적은 기억이 납니다. 그때의 그 마음이 아직도 그리고 앞으로도 변치 않기를 다짐하면서, 참으로 어지럽고 혼탁한 창업시장에서 아직은 저의 역할이 있음을 생각합니다. 아니, 저를 통해서 이루고자 하는 그분의 뜻을 더 많이 알기를 원하며, 저에게 주신 재능을 통해 더 많은 분들이 창업을 통해 경제적으로 자립하고, 홀로서기를 하고, 아울러 승리했으면 하는 소망이 있습니다.

1998년 이후 창업분야에서 일을 해 오면서 배운 창업이론과 실무지식 그리고 창업현장에서의 경험을 바탕으로 지금까지 18권의 창업관련 책을 출판하였습니다. 이러한 저서들을 집필함에 있어 선후배들의 자료를 참고로 정리하였고, 제가 쓴 글이나 설문조사한 자료들을 추가하면서 저 나름대로의 생각들을 담으려고 노력도 하였습니다.

이번 책의 경우에는 창업자들이 알아야 하는 경영실무 중에서 특별히 SNS마케팅을 활용한 상품판매를 중심으로 중요한 실무지식을 담으려고 노력하였으나 창업이나 실무 경력이 부족하다 보니 보시기에 많이 미흡하고 때로는 다른 선배 교수님들의 업적을 가로챈 느낌마저 갖게 되어 송구스럽게 생각합니다. 혹시라도 본문 중에 참고문헌이 누락되었다면 절대로 고의가 아니었음을 말씀드리면서 너그럽게 용서를 구하고자 합니다.

책의 서문에 무엇을 담을까 생각하다가 1998년 이후 창업분야에 몸을 담으면서 있었던 일들을 조금 정리해 보았습니다. 여기에 다 담지 못한 이야기들도 있고, 감사의 표시를 제대로 하지 못한 분들도 있습니다. 저를 낳아주시고 미국 유학경비를 보내주시느라고 고생을 너무 하신 부모님, 그리고 세상에서 저와 소중한 인연을 맺은 가족들에게도 고마움을 전합니다.

그리고 2004년에 사랑나눔회를 시작하면서 나눔과 선교의 사업에 함께하는 모든 분들에게도 진심으로 고마움을 전하면서, 사랑나눔회가 대를 이어 계속되기를 소망합니다. 사실, 사랑나눔회의 도메인 중에서 MIS는 management information system의 약어로서 당초 제가 근무하는 경영정보학과의 홈페이지로 사용할 계획이었으나, 2004년에 부산창업박람회를 참관하고 오는 길에서 "mis(mission in sharing and humanity services) for glory of the God"이 갑자기 생각났는데 그것은 그분의 인도하심이라고 생각합니다. 지금 생각해 보면, 약 20년 동안 창업분야에서 일을 하게 된 것도, 그리고 이 책을 쓰게 된 것도 모두 사랑나눔회를 통해 나눔과 선교사업에 일을 하신 그분의 뜻이 있었다고 생각합니다.

그리고 살아오면서 때로는 저로 인해 고통을 받았거나 분노한 분들도 많이 있을 것이며, 지면을 빌어 죄송한 말씀과 용서를 구하고자 합니다. 철없던 시절의 잘못된 생각으로 많은 분들에게

심적, 육체적 고통을 주었음을 고백하며, 앞으로는 더 많은 분들에게 희망, 꿈, 소망, 그리고 행복을 드릴 수 있도록 남은 삶을 바치고자 합니다.

끝으로, 본 저서의 내용과 관련하여 몇 가지를 알려 드리고자 하며, [SNS를 활용한 인터넷창업]을 절대로 실패하지 않고 반드시 성공하기 위해서는 SNS와 관련된 다양한 이론 및 실무지식을 제대로 갖추고 있어야 한다는 것을 꼭 생각해야 합니다. 또한 기존 전통적인 창업의 과정과는 확실한 차별성이 있으면서 획기적인 발상의 전환을 통한 [SNS를 활용한 인터넷창업]이 필요할 것으로 생각됩니다.

1. 저서에 수록되어 있는 많은 내용에 대해서는 동영상(UCC) 강좌로 제작하여 YouTube의 김영문_travel_and_sbiz 채널(www.youtube.com/user/newbiz2001/videos)에 등록하였는데, 일부 동영상(UCC) 강좌는 저서의 수정 및 보완 등의 사유로 인해 저서의 내용과는 약간 차이가 있을 수 있습니다.
2. 저서의 내용에 관해서 질문이 있거나 [SNS를 활용한 인터넷창업]에 대한 도움이 필요하시면 맛따라✡길따라✡창업 밴드(band.us/band/70870679)를 활용해 주십시오. 최대한 그리고 적극적으로 도움을 드릴 것입니다.
3. 본 저서에 수록되어 있는 [SNS를 활용한 인터넷창업]에 관한 실무지식을 활용하여 창업기업의 경영혁신 및 매출향상을 위해서 SNS를 어떻게 활용해야 할 것인가에 대해서도 끊

임없이 고민하는 것이 필요합니다.

4. 마지막으로 본 저서에 있는 다양한 [SNS를 활용한 인터넷 창업]의 실무지식을 경쟁적 관계에 있는 경쟁자와 비교한 차별화 및 경쟁적 우위를 위해서 SNS를 어떻게 전략적으로 활용할 수 있을까를 깊이 고민하시기 바랍니다.

2021년 4월에

김영문 드림

차 례

제 1 장 SNS를 활용한 홍보, 광고 및 인터넷창업

제 2 장 SNS의 종류 및 상업적 활용

제 3 장 SNS를 활용한 인터넷창업의 준비 및 계획

제 4 장 카페(cafe)를 활용한 인터넷창업

제 5 장 밴드(Band)를 활용한 인터넷창업

제 1 장

SNS를 활용한 홍보, 광고 및 인터넷창업

1. 일반적인 창업의 절차
2. 상품구매의 과정 및 SNS 활용
3. 점포에서의 광고
4. 창업기업의 홍보
5. 인적 판매
6. 외식창업에서의 판매촉진
7. 인쇄물의 제작 및 배포
8. 홍보와 광고의 차이
9. 홍보 및 광고의 통합적인 관점

지금까지 SNS는 홍보와 광고의 수단으로만 활용되고 있다고 할 수 있는데, 미래의 SNS는 독립적인 인터넷창업이 가능한 웹사이트로서 활용될 것으로 전망된다. 예를 들어, SNS가 지금까지의 홍보와 광고를 부수적으로 지원하는 역할에서 벗어나서 인터넷쇼핑몰과 같이 그 자체로 상품을 판매하는 전자상거래 사이트로 활용될 수 있다는 것을 말하는데, 이것은 SNS를 활용한 인터넷창업이 점차 발전되고 확산될 것이라는 것을 의미한다.

한편, SNS를 활용한 인터넷창업에 대해 구체적으로 살펴보기 전에 먼저 창업의 과정에서 반드시 필요한 홍보와 광고에 대해 전체적으로 이해를 하는 것이 필요하다. 아울러, 소비자가 상품을 구매하는 과정의 각 단계별로 홍보와 광고가 어떻게 효과적으로 진행되어야 하는지를 생각하는 것이 필요한데, 특히 상품판매를 위해 구매과정의 각 단계별로 어떤 종류의 SNS가 효율적으로 활용될 수 있는가를 깊이 생각하고 고민해야 할 것이다. 즉, 창업자가 알아야 하는 경영실무가 바로 SNS를 활용한 효과적인 홍보와 광고라고 할 수 있는데, 이것은 창업의 업종 혹은 창업아이템에 따라 차별적으로 진행될 수 있다.

☞ [YouTube의 동영상강좌 안내] 본 저서에서 설명하고 있는 많은 내용들은 동영상강좌로 제작하여 YouTube의 [김영문_travel_and_sbiz] 채널에서 제공하고 있다. 또한 동영상강좌로 제작되어 있는 해당 내용에 대해서는 YouTube(www.youtube.com/user/newbiz2001/videos)에 등록되어 있는 해당 동영상강좌의 제목을 별도로 제공할

것이며, 일부 동영상강좌의 경우에는 저서의 집필 전후로 내용이 부분적으로 수정되어 약간 차이가 있는 경우도 있을 것이다. 그럼에도 불구하고 핵심적인 내용을 이해하는 데에는 무리가 없을 것으로 판단된다.

1. 일반적인 창업의 절차

예비창업자가 생각할 수 있는 창업의 절차는 다양하게 제시될 수 있지만, 노기엽(2004.2)은 예비창업자가 창업을 준비하는 것에서부터 점포를 오픈하기까지의 전반적인 창업 절차를 8단계로 세분하였다.

(1) 기초정보를 수집한다.

예비창업자가 진출하려는 창업시장의 동향을 파악해야 한다. 예를 들어, 김밥전문점 창업을 하려면 점포를 개설하려는 지역에서의 김밥전문점의 수 및 매출현황 등을 조사해야 한다. 기초정보의 수집에서 간과할 수 없는 것은 바로 창업의 추세에 대한 분석 및 이해라고 할 수 있다. 예를 들어, 경제전망, 소비자의 기호변화, 창업동향 등에 대한 거시적인 시각을 가질 수 있어야 한다는 것이다. 이를 위해서는 경제신문의 구독, 인터넷 검색, 설문조사의 실시 등의 방법이 활용될 수 있을 것인데, 창업의 큰 트렌드(trend)를 간과하게 되면 갑작스러운 변화에 적시 대응이 늦게 된다는 것이다.

(2) 창업계획서를 작성한다.

대부분의 예비창업자들은 유망한 아이템만 있으면 된다고 생각한다. 하지만, 본인이 창업을 하고자 결심을 했다면, 창업계획서의 양식에 의거해서 전체적인 사업계획서를 작성해 볼 필요가 있다. 그렇게 함으로써 무엇이 부족하고 무엇을 더 준비해야 하는지에 대해서 알 수가 있다는 것이다. 사실, 창업을 막상 해 보면 미처 예상치 못한 문제들에 부딪치게 되는데, 창업계획서를 꼼꼼하게 작성해 봄으로써 이러한 문제들에 대해 미리 대책을 마련할 수 있다. 창업계획서의 양식은 인터넷검색을 통해 쉽게 찾을 수 있다.

(3) 창업아이템을 선정한다.

어떤 창업아이템을 선정할 것인가 혹은 어떤 창업아이디어로 창업할 것인가를 생각해야 한다. 즉, 단순히 아이템의 문제가 아니라 어떤 아이디어 혹은 콘셉트(concept)를 가지고 창업할 것인가를 생각해야 한다는 것이다. 예를 들어, 창업아이템으로 돼지고기 삼겹살 전문점을 생각하는 정도로는 안 된다는 것이다. 삼겹살을 어떤 아이디어를 담아서 판매할 것인가를 생각해야 한다는 것이다. 묵은 김치 삼겹살전문점, 돼지등갈비 전문점, 제주유채 삼겹살, 한방 삼겹살, 녹차 삼겹살 등 다양한 아이디어로 삼겹살이 차별화되고 있다는 것이다.

(4) 사업장을 선정한다.

사업장을 선정할 때에는 사업장이 위치하고 있는 지리적인 요인과 환경적인 요인을 비교, 분석하는 작업인 입지선정과 상권분석을 하게 된다. 아직도 부동산중개소에 의뢰하여 점포를 구하는 분들이 있는데, 운이 좋아서 좋은 점포를 구할 수는 있겠지만 상권분석 및 입지선정을 반드시 할 것을 권한다.

또한 점포를 구한 후에 무엇을 할 것인가를 생각하는 예비창업자들이 많은데, 무엇을 할 것인가를 생각한 후에 그 아이템 혹은 업종에 맞는 점포를 구해야 한다. 벤처기업의 경우에도 마찬가지이다. 제품을 생산한 후에 판로를 개척하는 것이 아니라, 누구에게 그리고 어떻게 판매할 것인가를 먼저 생각하고 판로개척을 한 후에 제품을 생산해야 한다. 소위 말하는 “닭이 먼저냐, 달걀이 먼저냐?”하는 논쟁을 하기보다는 창업에서 결정해야 하는 것들의 순서가 틀리면 안 된다는 것이다.

(5) 사업장을 꾸민다.

사업장에 대한 인테리어는 선정된 아이템과 실내 분위기가 조화를 이루도록 해야 하며, 향후 업종의 변경에 대한 고려도 동시에 필요할 것이다. 경기불황이 심할수록 인테리어는 융통성을 가질 수 있도록 하는 것이 좋다는 것인데, 향후 사업변경 혹은 업종전환을 고려한 인테리어의 설계가 필요하다는 것이다.

(6) 현장 실습을 통한 실무교육이 필요하다.

조리실습, 접객요령과 관련한 서비스교육, 사업장 관리방법 등 창업실무에 필요한 교육을 통하여 현장감 있는 실무진행 요령을 터득해야 한다. 외식업을 포함하여 모든 창업분야에서는 체험창업 프로그램을 통해서 일정기간 현장에서 근무를 해 보는 것이 좋을 것이다. 예를 들어, 명함, 전단지, 카탈로그를 만들어주는 인쇄편의점 창업의 경우에는 실세로 근무를 해 보면서 실세 세품도 만들어 보고 고객에게 영업을 해 보면서 일정기간 경험을 쌓은 후에 창업을 하는 것이 필요하다는 것이다. 이렇게 체험창업을 하다 보면, 본인이 정말 그 아이템에 적성이 맞는지도 확인할 수 있고 그렇게 함으로써 창업실패에 대한 위험성도 줄이면서 본인이 부족한 부분을 보완할 수 있는 기회도 갖게 된다.

(7) 개점 준비를 한다.

개점에 필요한 서류(사업자등록증, 영업허가증 등)를 구비해야 하며, 향후 영업 활성화를 위한 기초전략(판매, 사업장 홍보, 종업원 교육, 이벤트 계획 등)을 수립해야 한다. 개점 준비 또한 고객에게 첫선을 보이는 것으로 생각하여 체계적으로 준비를 해야 한다. 단순히 본인의 생각만 고집하지 말고 전문가의 도움을 받는 것도 좋은데, 개업이벤트 대행업체들의 컨설팅을 받는 것도 좋을 것이다.

(8) 개점한다.

개점을 할 때에는 사전에 철저한 예행연습을 통하여 개점과 관련한 여러 사항들을 점검하고 보완하여 개점에 따른 시행착오를 최소한으로 줄여야 한다. 예를 들어, 음식점의 경우에는 개업 후 일주일 이내의 기간 동안에 고객의 평가를 체크하여 부족한 부분을 신속하게 보완하지 않으면 고객은 재방문을 하지 않을 것이다. 그러한 경우에는 설문조사에 응답한 고객에게는 개업선물을 준비하되, 설문조사는 철저하게 고객의 생각이 담길 수 있도록 해야 한다.

☞ [SNS를 활용한 창업의 절차] 위에서 일반적인 창업의 절차에 대해 8단계로 구분하여 설명하였는데, SNS를 활용한 인터넷창업의 과정과 비교하여 생각해 볼 필요가 있을 것이다. 예를 들어 '사업장을 꾸민다'를 SNS를 활용한 인터넷창업에서는 어떤 종류의 SNS를 활용할 것이며 그리고 선정한 SNS의 어떤 메뉴(혹은 기능)를 활용할 것인가의 측면에서 생각하는 것이 필요할 것이다.

2. 상품구매의 과정 및 SNS 활용

창업자가 상품을 판매하고 목표로 하는 매출을 올리기 위해서는 먼저 소비자의 상품 구매과정에 대한 이해가 선행되어야 한다. 대부분의 소비자는 상품의 구매과정을 거치는 동안 다양한 외적 혹은 내적 요인들에 의해 영향을 받게 되는데, 먼저 외적 요인으로는 기업에서 전략적인 계획을 수립하여 진행하는 다양한 홍보와 광고를 포함하는 마케팅 요인이 있다. 기업의 마케팅 요인으로는 크게 상품, 가격, 유통, 커뮤니케이션을 고려할 수 있다. 또한 내적 요인으로는 문화적, 사회적, 개인적인 요인과 심리적인 요인으로 구분할 수 있다. 문화적, 사회적, 개인적 요인으로는 문화, 사회계층, 준거집단, 가족, 생활양식 등을 들 수 있다. 그리고 심리적인 요인으로는 동기유발, 지각, 학습, 태도 등이 있다.

이러한 외적 및 내적 요인에 의해 영향을 받은 소비자들은 다음과 같이 4가지의 형태로 구분할 수 있다(중소기업청, 2002.4). 아울러, 창업기업에서는 이러한 소비자들의 형태에 따른 홍보 및 광고를 효과적으로 진행하기 위한 차별적인 계획의 수립이 필요할 것이다.

① **경제형**(economic): 가치욕구적인 구매에 주된 관심을 가지며, 극단적으로 가격, 품질 및 상품구매에 감수성이 강하다.

② **개성형**(personalizing): 점포의 사람이나 점포 그 자체와 강한 개인적인 연대관계가 있는 곳에서 구매한다.

③ **윤리형**(ethical): 소규모 소매점이 사업을 계속할 수 있도록 대형점이나 연쇄점의 저가격이나 상품구색을 고려하지 않는다.

④ **무관심형**(apathetic): 가능한 한 빨리 구매하고자 하는 편의에만 관심을 두고 구매한다.

한편, 소비자들의 형태 분석을 토대로 한 상품의 구매과정은 [그림 1-1]과 같이 제시할 수 있는데(중소기업청, 1999.10), 상품을 판매해야 하는 기업의 입장에서 보면 각 단계별로 어떻게 홍보와 광고를 차별적으로 진행할 것인가를 종합적으로 계획하고 실행하는 것이 중요할 것이다. 더구나 최근에는 SNS을 활용한 홍보와 광고가 강조되고 있는 실정인데, 어떤 종류의 SNS를 어떻게 활용하여 홍보하고 광고할 것인가에 대한 계획 및 실행도 포함되어야 한다.

[그림 1-1] 소비자의 구매과정

(1) 문제의 인식

소비자는 실제 상태와 바람직한 상태 간의 차이를 지각하게 될 때 상품 구매에 대한 욕구를 느끼게 되며, 이것이 소비자의 구매 의사결정을 유발시키는 동기가 된다. 소비자가 욕구를 인식한다는 것은 바로 문제를 인식한다는 것으로 해석될 수 있다.

(2) 정보의 탐색

소비자가 욕구를 인식하게 되면 욕구를 충족시킬 수 있는 상품이나 서비스를 찾게 되는데, 이것이 바로 정보를 수집하는 단계이다.

(3) 대안의 평가

정보탐색의 결과를 바탕으로 하여 소비자는 몇 개의 상표로 구성된 상표군(trademark group)을 형성하게 되며, 이들 중에서 하나를 선택하기 위한 평가를 하게 된다.

(4) 상품의 구매결정

대안의 평가를 토대로 최종 구매를 하게 된다.

(5) 구매 후 행동

구매 후 행동은 만족 혹은 불만족한 결과로 나타나게 되며, 각각에 따라 향후 구매는 완전히 달라지게 된다. 요즈음처럼 인터넷이 발달한 경우에 불만족한 소비자는 인터넷을 통해 다른 사람들의 상품구매에도 영향을 미치게 된다.

한편, 제품을 판매해야 하는 기업의 입장에서 볼 때에는 고객이 문제를 인식할 때까지 기다리기보다는 다양한 SNS를 기반으로 하는 홍보 및 광고에 의한 자극을 통해서 문제를 인식할 수 있도록 할 수 있다. 예를 들어, 온·오프라인(on-off line)에서의 다양한 광고, 판촉, 디스플레이, 점내(店內) 고지 등을 통해서 고객이 문제를 인식할 수 있도록 해야 하고, 또한 상품을 구매하도록 만드는 것이 중요할 것이다.

3. 점포에서의 광고

(1) 광고의 의미

광고(advertising)는 기업이나 개인 및 단체가 상품, 서비스, 이념, 신조, 정책 등을 세상에 알려서 상품판매의 목적을 거두기 위해 투자하는 정보활동이라고 할 수 있는데(네이버 백과사전, 100.naver.com), 창업기업에 있어서는 주로 상품관련 아이디어와 상표, 서비스 등에 관한 정보를 오프라인(off-line)과 온라인(on-line) 매체를 통해 알려서 상품의 판매를 촉진하게 된다.

한편, 광고 전략을 결정할 때에 고려해야 하는 사항은 다음과 같다(중소기업청, 1999.10).

① 점포 개성의 확인(차별화할 대상 요소)

② 광고예산 크기(점포연령, 상품화 정책, 경쟁상대, 이용매체, 상권 범위, 취급 상품의 종류 등을 고려하여 결정)

③ 표현할 내용

④ 이용매체의 종류

위에서 언급한 고려사항 외에도 추가할 것이 있다면 광고의 효과 및 지속성에 대한 것이라고 할 수 있다. 예를 들어, 신문에 광고를 하는 것은 신문이 발간되는 당일 혹은 발간 후 2~3일 정도 그 효과가 지속될 수 있다. 하지만, 인터넷을 이용한 광고의 경우에는 상당 기간 지속될 수 있을 것이다. 그렇다면, 광고는 결국 비용 대비 효과를 따져봐야 할 것이다.

(2) 점포창업과 광고

점포를 활용하여 창업을 하는 경우에는 다음과 같은 광고들을 생각할 수 있는데, 점포에서 판매하는 상품의 종류에 따라 어떤 광고에 더 많은 예산을 편성할 것인가를 결정하면 된다. 이를 위해서는 동종 혹은 유사한 상품을 판매하는 점포에서는 어느 광고에 더 많은 예산을 편성하는지를 조사하고 분석하는 것이 필요할 것이다.

① **전단광고**: 전단지를 만들어서 배포하는 것을 말하는데, 배포하는 방법은 다음과 같다.

ⓐ 신문을 배달할 때에 신문에 끼워서 함께 배달하는 방법

ⓑ 사원들이 고객들을 직접 방문하여 배포하는 방법

ⓒ 점포 앞에서 배포하는 방법

ⓓ 관련 박람회 혹은 행사 참가자들에게 배포하는 방법

② **구매시점(POP, Point Of Purchase)광고**: 고객이 상품을 구매하는 장소에서 수행하는 광고를 말하는데, 다음과 같은 방법들이 있다.

ⓐ 벽면에 포스터를 붙여 놓은 방법

ⓑ 판매 상품을 위해 가격 표시판과 함께 광고 카드를 올려놓

은 방법

ⓒ 상징적 물건을 설치해 놓은 방법

ⓓ 음식점에서의 메뉴판

③ **우편광고**: 우편을 통하여 광고를 하는 것인데, 아파트의 경우에는 단순히 아파트의 동과 호수만 적어도 우편물 발송이 가능하다는 장점이 있다.

④ **판촉물광고**: 성냥, 열쇠고리, 달력, 포스트잇(post-it) 등의 판촉물을 나누어 줌으로써 광고를 할 수 있는데, 기왕이면 고객들이 늘 갖고 다닐 수 있는 판촉물이면 더 효과적이다.

⑤ **인명부광고**: 전화번호부, 지역내 상권 책자 등에 광고를 하는 방법이다.

⑥ **구전광고**: 사람의 입을 통해 광고를 하는 것인데, 주로 주변의 인맥을 활용하게 된다. 구전광고는 고객이 오피니언 리더(opinion leader)인 경우에 특히 도움이 될 수 있다.

⑦ **데몬스트레이션(demonstration)**: 상점에 온 고객들을 상대로 상품의 특성이나 사용법을 알리기 위하여 데몬스트레이션을 한다는 것은 소매업에서 효과적으로 사용하는 광고 방법의 하나이다.

⑧ **디스플레이(display)**: 고객의 주의를 끌고 구매의욕을 일으키도록 상품을 진열하는 것을 디스플레이 혹은 진열이라 한다. 이러한 디스플레이를 효과적으로 이용하기 위해서는 대상상품, 대상고객, 색채, 장소, 조명, 레이아웃, POP광고 효과 등을 구체적으로 준비하는 것이 필요하다.

⑨ **행사**: 소매점에서는 일정한 기간 동안에 특별행사를 할 수 있다. 즉 새해맞이, 민속의 날 행사, 창립기념일, 입학, 졸업, 어버이날, 어린이날, 정기바겐세일, 사은 대매출 등 여러 가지 특별행사를 할 수 있다.

⑩ **소비자 교육**: 고객의 사고방식, 상품지식, 사용법 등에 대하여 교육함으로써 판매효과를 높이고자 하는 활동이다.

(3) POP 광고

점포 내에 가장 많이 설치하는 광고로는 POP 광고(point of purchase advertisement, 판매점 내·외부에 전개되는 광고와 디스플레이 광고의 총칭)를 들 수 있는데, POP 광고는 매장 안에 활기를 불어넣어 줄 뿐만 아니라 고객이 점원에게 직접 상품과 관련된 질문을 던지지 않고서도 해당 상품이 지닌 장·단점과 기능, 품질, 가격 등을 쉽게 알 수 있도록 도와준다. 그 때문에 POP 광고의 역할은 점점 커지고 있다. 사실, 점포창업을 하면서 많은 POP 광고를 모두 사용할 수는 없는데, 먼저 다른 점포를 방문하여 살펴보면서 본인의 점포 실정에 맞는 POP 광고를 선택하면 될 것이다.

한편, POP 광고를 사용함으로 인해 얻을 수 있는 효과는 다음과 같다(경기지방중소기업청, 2003).

① 고객의 쇼핑에 도움을 준다.

② 판매원의 접객 판매활동을 도와준다.

③ 고객이 미처 생각하지 않고 있던 상품을 사도록 충동구매

를 도와준다.

④ 광고, 전시 및 기타 다양한 판매촉진 활동과 상승효과(synergy effect)를 꾀할 수 있다.

⑤ 비교적 만들기 쉽기 때문에 비용이 적게 든다.

⑥ 상품에 관한 설명을 할 수가 있으므로 소비자 교육이 된다.

(4) 판촉물 광고

신규로 창업을 할 때에 방문한 고객에게 선물로 주는 것이 판촉물인데, 판촉물은 그냥 주는 것으로 끝나는 것이 아니라 재방문 혹은 재구매가 발생할 수 있도록 하는 것이 중요할 것이다. 일반적으로 판촉물의 3요소는 다음과 같다(최재희, 2003).

① **기능**: 기능이 있는 물건이어야 하는데, 쇼핑백의 경우가 대표적이다. 즉, 쇼핑백의 기능은 물건을 담는 것이라는 것이다. 따라서, 판촉물을 제작하거나 주문할 때에는 목표로 하는 고객이 유용하게 사용할 수 있는 것인가를 고려해야 할 것이다.

② **인쇄문구**: 판촉물의 표면에는 회사 로고나 내방객에게 전달하고자 하는 문구, 연락처, 도메인 등을 넣는 것이 중요하다. 특히 회사의 도메인을 포함시키는 것이 좋다.

③ **가격**: 예상 방문객의 수와 구입단가를 고려하여 판촉물 단가를 결정해야 한다.

경기가 불황일수록 고객이 오래 간직할 수 있는 판촉물을 선정하는 것이 중요한데, 일상 생활 중에서 고객이 늘 사용하거나 갖고 다닐 수 있는 판촉물이라면 광고효과는 그만큼 더 크다고 할 수 있다. 이러한 판촉물을 선정할 때에 고려해야 할 사항들은 다음과 같다(마켓코리아, www.maketkorea.com).

① **정성이 깃든 판촉물**: 가격이 비싸지 않지만 받는 사람들이 정성이 들어 있다고 생각하는 선물로 선정하는 것이 좋다.

② **의미 있는 판촉물**: 유명인이 관련된 판촉물 혹은 국제대회나 기관 등에서 인증 받은 것을 기념하는 판촉물이라면 더욱 좋을 것이다.

③ **실용적인 판촉물**: 기능이 가미된 판촉물을 선정하는 것이 좋은데, 예를 들어 구두 광택용 스폰지, 오프너(opener), 구급함, 미용세트 등이 좋다.

④ **배포대상에 따른 판촉물의 차별화**: 티셔츠, 모자, 컵 등 몇 가지 판촉물을 준비하여 고객의 중요도에 따라 배포하면 된다.

⑤ **대상에 따른 판촉물**: 학생, 주부, 일정 급여 이상의 직장인, 각종 기업, 사무실 등 대상에 따른 판촉물을 선정하는 것이 필요하다.

☞ [TV광고보다 SNS광고 시장] 2020년에 처음으로 디지털 광고비가 전통 매체 광고비를 추월했다는 예측이 있으며(매일경제, 2020.10.25), 전체 5천 300억달러(약 600조원)에 달하는 전 세계 광고비용 중 절반이 넘는 52%가 디지털 마케팅에 사용될 전망이라고 한다.

4. 창업기업의 홍보

홍보(publicity)란 기업, 단체 또는 관공서 등의 조직체가 커뮤니케이션 활동을 통하여 스스로의 생각이나 계획, 활동, 업적 등을 널리 알리는 활동을 말하는데(네이버 백과사전, 100.naver.com), 광고와는 달리 금전적인 대가를 지불하지 않는다는 특징이 있다. 즉, 신문, 잡지, 라디오, TV뉴스 등에 기업의 제품이나 서비스 혹은 기업 이미지를 뉴스거리로 제공할 수가 있다는 것이다.

또한 상품의 판매 활동과 관련하여 생각해 볼 것은 현재 및 잠재고객에 대한 정보의 제공이 필요하다는 것이다. 즉, 전단지를 제작하거나 인터넷 웹진(webzine, web magazine)의 형식으로 고객들에게 기업의 소식을 정기적으로 제공함으로써, 고객들의 관심 및 충성도를 높일 수 있을 것이다.

한편, 창업기업의 경우에는 언론을 잘 활용하면 돈을 거의 들이지 않고도 엄청난 홍보효과를 기대할 수 있는데, 대부분의 벤처 혹은 창업보육센터 입주기업들의 경우에는 홍보를 전담하는 직원도 없는 실정이다. 또한 언론을 통한 홍보의 중요성은 인식하고 있지만, 언론에 부탁을 해야 한다고 생각하거나 많은 돈 혹은 든든한 인맥이 있어야 가능하다는 생각을 하고 있다.

또한, 저자가 창업분야에서 일한 경험을 토대로 언론을 활용한 홍보방법을 제시하면 다음과 같다. 사실, 일부 벤처기업들 중에는 언론에 기사 외에 다른 수단으로 접근하는 경우가 많은데 그것은 잘못된 것이며 평생 동안 함께 갈 좋은 친구를 사귄다는 마음으로 언론에 접근하는 것이 좋을 것이다.

① 언론에게는 좋은 기사를 준다는 생각을 가져야 한다.

② 회사에서 신제품 및 신기술을 개발했거나 새로운 경영성과가 있을 때에는 보도자료를 작성하여 언론에 메일로 발송한다.

③ 창업기업의 사회적 책임을 생각하고, 이윤추구 외의 사회적 활동에 적극 참여한다. 요즈음 많은 벤처기업에서도 공익적 활동에 참여함으로써 자사의 인지도 혹은 신뢰성을 높이는 활동에 적극 참여하고 있는 실정이며, 그렇게 함으로써 자연스럽게 언론에 노출될 수 있을 것이다.

한편, 제이와이네트워크에서는 온라인에서 진행할 수 있는 홍보에는 다음과 같이 8가지로 제안하고 있는데(제이와이, blog.naver.com/oug20109), 홍보와 광고의 개념을 명확하게 구분하지 않고 혼용하여 사용하여 설명하고 있는 것 같다.

① **뉴스홍보**: 신문이나 TV뉴스가 아닌 인터넷 언론사(internet press)를 통한 뉴스기사 홍보를 말한다.

② **페이스북 홍보**: 페이스북은 여전히 가장 많은 사람들에게 다양한 콘텐츠를 노출시킬 수 있는 효과적인 매체이다.

③ **블로그(blog)**: 블로그는 검색 결과에 가장 많은 영향을 주는

온라인 홍보의 종류라 할 수 있다.

④ **카페**(cafe): 카페 혹은 커뮤니티 홍보의 가장 큰 장점은 사람들과 빠른 소통을 통해 '입소문' 효과를 볼 수 있다는 점이다.

⑤ **유튜브**(YouTube): 유튜브를 메인으로 홍보 콘셉트에 맞는 동영상 채널을 운영하는 것이 마케팅의 필수 요소로 꼽히고 있다.

⑥ **인스타그램**(instagram): 인스타그램은 최근 동영상기능, 라이브방송, 상품구매 연결 등의 기능을 도입하며 홍보매체로서의 역할을 톡톡히 해내고 있다.

⑦ **키워드 광고**(keyword advertising): 키워드 광고는 포털사이트에 특정 키워드 검색 시 상단 광고영역에 링크가 노출되도록 하는 서비스를 말한다.

⑧ **배너 광고**(banner advertising): 배너 광고는 디스플레이 광고라고도 불리며, 원하는 사이트의 특정 광고영역에 계약된 시간만큼 홍보이미시(배너)를 노출시키는 방식이다.

5. 인적 판매

인적 판매(personal selling)는 판매를 하려는 목적으로 하나 혹은 그 이상의 예상 고객과 대화과정에서 구두로 상품을 제시하는 것을 말하는데(중소기업청, 1999.10), 인적 판매 혹은 세일즈는 고객의 상품구입을 도와주는 소비자 지향적인 구매환경의 조성 활동이라고 할 수 있다. 예를 들어, 화장품, 보험, 자동차 등에서 인적 판매가 많이 이루어지고 있다.

한편, 브라이언 트레이시(2004)는 인적 판매의 주체로서 세일즈맨이 갖추어야 할 자세로 다음의 7가지를 제시하고 있다.

① 자신이 회사의 소유주라는 주인의식을 갖고 업무에 매진하며, 모든 일에 책임지는 자세가 있어야 한다.

② 상품과 서비스의 판매자가 아니라 고객의 문제를 해결해 주는 컨설턴트의 자세를 갖추어야 한다.

③ 고객의 상황을 철저히 파악하고 가장 적절한 해결책을 제시하는 전문가의 자세가 있어야 한다.

④ 목표를 명확하게 설정하고 철저하게 준비하는 전략적 자세가 있어야 한다.

⑤ 업무를 효율적으로 처리해 반드시 목표시간 내에 완료할

수 있는 결과 지향적인(result-oriented) 자세가 있어야 한다.

⑥ 업계 최고를 목표로 끊임없이 노력하는 자세가 있어야 한다.

⑦ 고객을 비롯하여 주변 모든 상황에 세심하게 관심을 보이는 자세가 필요하다.

세일즈(sales)의 이니셜에 담긴 의미

s = self-confidence(자신감)
a = appearance(용모)
l = listening(경청)
e = enthusiasm(열성)
s = service(봉사)

위에서 제시한 세일즈(sales)의 이니셜(initial)은 모두 고객을 대하는 마음을 나타내는 것이라고 할 수 있다. 상대방, 즉 고객에 대해 이해와 배려가 있어야 한다는 것이고, 이를 통해 세일즈의 목적을 달성할 수 있을 것이다(매경이코노미, 2004.10.20).

6. 외식창업에서의 판매촉진

판매촉진(sales promotion)이란 상품 수요를 증가시키기 위해서 수행하는 모든 활동이라고 할 수 있는데(네이버 백과사전, 100.naver.com), 대체적으로 상품 혹은 서비스에 대한 소비자의 구매욕구를 자극하기 위한 단기적인 유인 내지는 자극책이라고 할 수 있다. 이러한 판매촉진을 위해 많이 이용하는 방법으로는 추첨, 경품권, 한정시간 할인 등이 있다.

하지만, 상품의 판매촉진 방법들은 창업분야 혹은 창업아이템에 따라 차별적으로 진행될 수 있다. 예를 들어, 외식창업분야에서는 아래와 같은 10가지의 판매촉진 도구들을 활용할 수 있을 것이다(송교수의 맛집경영이야기, blog.naver.com/weely9570).

① **시식 샘플링(sampling)**: 메뉴를 고객들에게 알리는 가장 확실한 방법으로 소비자들에게 시식을 제공하는 판촉도구이다.

② **쿠폰(coupon)**: 표시된 금액만큼 구매시점에 인하된 가격으로 구매할 수 있음을 보장하는 일종의 증서를 말한다.

③ **리베이트(rebates) 및 리펀드(refund)**: 리베이트는 소비자가 레스토랑을 방문했다는 증빙서류를 보내면 일정 기간 후에 구매가격의 일정액을 돌려주는 형태의 판촉이며, 리펀드는 주로 제조업자가 행하는 판촉으로 제품 구매가격의 일부를 구매시점에 소

비자에게 현금으로 돌려주는 방식이다.

④ **프리미엄**(premiums): 자사메뉴를 구매한 고객에게 제공하는 추가적인 인센티브로서 무료로 혹은 매우 저렴한 가격으로 특정 메뉴를 선물, 사은품으로 제공하는 판촉도구이다.

⑤ **광고용 판촉물의 제공**: 외식기업명이나 업소 상표명이 들어간 선물을 소비자에게 제공하는 판매촉진 방법으로 주로 사용되는 물품으로는 펜, 수건, 컵 등이 있다.

⑥ **구매시점**(point-of-purchase: POP) 촉진: 외식소비자가 메뉴를 선택하는 시점에 맞추어 수행하는 촉진방법으로서 특정 메뉴에 대한 구매시점 광고, 메뉴의 특별전시나 포스팅(posting) 등을 말한다.

⑦ **콘테스트**(contest), **추첨**(sweepstake) **및 이벤트**(event): 콘테스트(경연)는 자신의 노력, 기지, 지식을 동원하여 어떤 문제를 해결하여야 보상이 주어지는 것이며, 추첨은 순전히 운에 의해 보상이 결정된다. 최근에는 다양한 이벤트들도 많이 개최되고 있는데, 이벤트는 판매촉진보다 상위수준의 활동으로 보는 경향도 있다.

⑧ **보너스 팩**(bonus packs): 보너스 팩은 보다 큰 용기에 메뉴제품을 담거나 덤으로 더 많은 수를 패키지 속에 포함시킴으로써 더 많은 양의 제품을 정상가격으로 제공하는 것이다.

⑨ **가격할인**(price-off deals): 가격할인은 소매가격을 일시적으로 인하시키는 형태의 촉진으로서, 일반적으로 메뉴에 할인율이

표시된다.

⑩ **콘티뉴이티**(continuity): 흔히 말하는 마일리지를 말하며, 단골고객 보상이라고도 한다. 계속 구매하는 고객에게 혜택을 주는 제도이며, 자사의 메뉴를 지속적으로 구매하는 충성도가 높은 고객에게 보상을 해 준다는 성격이 강하다. 커피점이나 레스토랑에서 마일리지 제도를 도입하여 인기를 끌고 있는데, 이것이 바로 콘티뉴이티의 일종이다.

☞ [외식창업에서 SNS를 활용한 판매촉진] 위에서 언급한 판매촉진 도구를 SNS를 활용하여 실행하는 것을 생각해 볼 수 있다. 다만, 기존에 활용하던 상품의 판매촉진 방법을 SNS가 완전히 대체하기는 어려울 것으로 판단되며, 아직은 부분적으로 혹은 보조적으로 활용될 수 있을 것으로 판단된다.

7. 인쇄물의 제작 및 배포

요즈음 온라인(on-line)에서의 홍보가 다양하게 진행되고 있지만, 홍보를 위해서는 여전히 인쇄물의 제작 및 배포가 필요하다고 할 수 있다. 그것은 인쇄물은 갖고 다니면서 보관할 수 있으며, 필요할 때에 다시 꺼내 볼 수 있다는 장점이 있기 때문이다. 창업기업의 홍보를 위한 인쇄물의 종류는 다음과 같다.

(1) 명함

명함은 성명, 주소, 연락처 등을 적은 소형 인쇄물을 말하는데, 이메일 주소 및 도메인을 반드시 포함시켜야 한다. 특히 이메일 및 도메인이 없는 경우에는 인터넷을 잘 활용하지 않는 사람으로 인식될 수 있다. 사람들을 만날 때마다 단순히 명함만 주고받지 말고, 30초 정도라도 간략하게 설명을 함으로써 자기를 확실하게 기억하게 하는 것이 좋을 것이다. 명함에 사진을 포함시키면 더 쉽게 그리고 오래 기억할 수 있을 것이다.

(2) 팸플릿, 브로셔 및 카탈로그

팸플릿(pamphlet)은 자사가 취급하는 상품이나 서비스에 대한 선전 · 계몽을 위한 소책자를 의미하며, 브로셔(brochure)는 팸플릿과 유사하나 상품보다는 주로 업무내용 등을 담는 소책자라고 할 수 있다. 또한 카탈로그(catalogue)는 상품이나 기업 소개를 위해 만든 인쇄물이다. 이외에도 다음과 같은 것들이 있다(최재희, 2003).

① **서큘러**(circulars): 신문용지처럼 낮은 질의 종이에 인쇄하여 판매하는 상품을 소개하는 인쇄물을 말한다.

② **브로드사이드**(broadside): 단면에 컬러로 인쇄하여 한 장으로 판매상품 모두를 소개하면서 주로 절반 접어서 사용하는 인쇄물을 말한다.

③ **스터퍼**(stuffers): 백화점이나 대형할인점 등에서 광고할 때 특정회사 제품의 설명문이 포함된 팸플릿을 제작하는 것을 말한다.

한편, 경기지방중소기업청(2003)에서는 팸플릿을 디자인할 때에 다음의 규칙들을 명심할 것을 제안하고 있다.

① 당신의 목표를 정확하게 인식하고 거기에 팸플릿의 초점을 정확하게 맞추도록 한다.

② 시장에서 다른 것들로부터 당신의 제안을 차별화시켜 주는 것, 당신을 특별한 존재로 만드는 강점을 지적한다.

③ 당신이 해결할 수 있는 문제를 포함하여 고객이 행동하지 않으면 더 악화될 수 있는 문제 모두를 분명히 드러내어 강조한다.

④ 모든 특징을 이득의 형태로 바꾸도록 한다.

⑤ 상품의 중요한 특징과 그 상품의 구입으로 얻을 수 있는 이득을 자세하게 적도록 한다.

⑥ 당신의 독자가 당신의 상품으로부터 얻게 되는 이득을 스스로 추정할 수 있다고 가정하지 않는다.

⑦ 팸플릿 자체로도 가치 있고 도움이 될 만한 자료를 포함시킨다. 그러면 고객은 물건을 구입하지 않더라도 팸플릿을 보관할 것이다.

(3) 간행물

정기 혹은 부정기 간행물을 발송하는 것은 비용이 많이 소요된다는 난점이 있지만, 고객에 대한 홍보 및 이미지 향상 혹은 충성도를 높이는 데 좋은 방법이 된다. 간행물은 컴퓨터와 전문 소프트웨어를 이용하여 쉽게 만들 수 있으며, 요즈음은 웹진(webzine, web magazine) 등과 같은 온라인 간행물을 발간할 수도 있을 것이다. 또한 요즈음은 이메일로도 간행물을 발송할 수 있는데, 무차별적으로 배포되는 스팸메일(spam mail)의 영향으로 인해 많은 수신자가 잘 읽지 않는다는 단점은 있다.

(4) DM(direct mail)

다이렉트 메일(DM: direct mail)은 편지나 엽서, 안내장, 리플릿(leaflet), 카탈로그 등의 인쇄물 또는 샘플 등을 오프라인 상에서는 우편물 형태로, 그리고 인터넷 상에서는 사용자의 의사에 따라 쿠폰이나 안내문, 편지 등 직접 인쇄할 수 있는 형태로 발신자의 목적에 맞게 특정 고객들에게 전달하는 커뮤니케이션 수단을 말한다. 먼저, DM의 특성은 다음과 같다(경기지방중소기업청, 2003; 최재희, 2003).

① DM은 선택성이 강하고 주목도를 높여주며 읽을 확률이 높다.

② DM은 조사매체로 활용할 수 있다.

③ DM은 경제적인 광고매체로 예산에 따라 탄력적으로 조정하여 실행할 수 있다.

④ DM은 시간적 탄력성이 크다.

⑤ DM은 자유성이 있으며 융통성이 있다.

⑥ DM은 즉시성이 있으며, 효율성이 높고 효과가 지속적이다.

⑦ DM은 비밀성이 있으며 인간성이 있다.

⑧ DM은 쉽게 만들 수 있으며 수정이 간편하다.

⑨ DM은 종이의 크기와 품질색깔에 제한이 없다.

⑩ DM은 소비자의 눈을 독점할 수 있다.

한편, 경기지방중소기업청(2003)에서는 DM의 효과를 다음과 같이 설명하고 있다.

① 인간의 체온을 느끼게 하는 판촉수단이다. 즉, DM은 고객의 개성과 특성 또는 환경적 여건에 따라 마음대로 내용과 정보를 컨트롤할 수 있는 특징이 있다.

② 고객의 욕구가 발생하는 시점에 타이밍을 맞출 수 있다.

DM은 고객의 특별한 날에 맞추어 보냄으로써 그 효과를 극대화할 수 있다.

③ 판매원 역할을 대신한다. 즉, 일손이 부족하고 시간이 충분하지 못한 경영자에게 손발의 역할을 대신해 줄 수 있는 것이 바로 DM이라는 것이다.

④ 소비자의 주의집중도를 높여준다. 끝까지 읽는 전단은 별로 없지만 끝까지 읽는 DM은 많다는 점에서 DM의 효과는 크다고 할 수 있으며, 그로 인해서 DM의 내용이 충실해야 함은 필수적인 전제조건이라고 할 수 있다.

(5) 전단

전단은 홍보 및 광고를 목적으로 배포되는 한 장으로 된 상업용 인쇄물을 말하는데, 불황일수록 신문 사이에 전단이 많이 끼워서 오는 것을 볼 수 있다. 전단을 배포할 때에는 막연히 전단만 배포하지 말고 무엇인가 고객이 받아서 읽을 수 있도록 하는 유인책이 필요할 것이다. 예를 들어, 전단의 귀퉁이에 할인쿠폰을 함께 인쇄하는 것도 좋은 방법이 될 수 있으며, 간단한 설문지를 작성하면 선물을 주는 등의 요령이 필요할 것이다. 전단제작에 있어 광고주가 고려할 사항은 다음과 같다(경기지방중소기업청, 2003).

① 점포의 상황을 실제보다 과장하지 않았는가?

② 광고와 판매를 연결시켜 생각하고 있는가?

③ 목표가 명확한가?

④ 소비자의 주의와 흥미를 끌 수 있는가?

⑤ 생활에 유익한 뉴스인가?

⑥ 개성이나 특성이 있는가?

⑦ 상대방의 욕구를 향상시킬 만한 매력이 있는가?

⑧ 미래지향적인가?

⑨ 친밀감을 느낄 수 있는가?

⑩ 자극적인 아이디어가 준비되어 있는가?

⑪ 지속적인 전단배포로 누적효과를 누릴 수 있는가?

(6) 스티커

스티커(sticker)는 인쇄되어 있는 뒷면의 종이를 벗겨 목적한 장소에 붙일 수 있도록 종이 사이에 접착처리되어 있는 인쇄물을 말하는데, 배달업종에서 많이 사용한다. 스티커에 전화번호뿐만 아니라 홈페이지의 주소도 포함시키는 것이 필요할 것이다.

8. 홍보와 광고의 차이

홍보(publicity)와 광고(advertising)는 창업기업의 성과향상을 위한 마케팅의 쌍두마차이지만, 작동 방식, 비용, 기대효과 등 여러 점에서 많은 차이가 있다(뉴스와이어, 2014.9.2).

(1) 비용(cost)

광고는 신문, 잡지, 방송의 지면이나 시간을 돈을 지불하고 구입하는 것이며, 광고의 크기, 클릭 수, 노출량이 지불하는 돈의 크기로 결정된다. 하지만, 홍보는 신제품이나 행사가 있을 때 기자에게 보도자료(press release)를 보내 보도를 의뢰하고 그 결과에 대해 돈을 지불하지 않는다. 즉, 광고는 돈을 지불하지만 홍보는 돈을 지불하지 않는다는 점에서 차이가 있다.

(2) 신뢰성(reliability)

광고는 돈을 지불하면 얼마든지 살 수 있기 때문에 일반인들의 신뢰를 받기 어렵다. 하지만, 언론에 보도된 뉴스는 언론인의 검증과 취재를 거쳐 나온 것이므로 일반인들이 쉽게 신뢰한다. 이로 인하여 일부 광고는 마치 언론 기사인 것처럼 위장을 하기도 한다.

(3) 통제 가능성(control possibility)

광고에 노출되는 내용은 창업기업에서 얼마든지 통제할 수 있다. 창업기업에서 문구, 디자인, 크기 등을 결정하며, 광고의 표현은 비교적 자유롭다. 하지만, 언론의 보도자료는 비록 기업에서 작성하지만, 언론에 실제 보도되는 내용은 기자와 편집자의 수정과 가감 과정을 거치므로 기업에서 통제할 수 없다.

(4) 스타일(style)

광고에는 최고, 최상, 혁명적인 같은 수사적 표현을 과감하게 쓸 수 있으며, 멋진 이미지와 연예인 사진으로 소비자의 눈길을 끌 수도 있다. 하지만, 홍보를 위한 보도자료에는 과장된 표현이나 형용사를 남발하는 경우, 보도될 가능성이 오히려 줄어들 수 있으며, 신뢰감을 주기 위해 보도자료에는 발표한 기업명, 작성한 사람과 연락처 정보 등을 공개해야 한다.

(5) 바이럴 효과(viral effect)

광고는 신문이나 웹사이트(web site)의 일정 지면이나 페이지에만 노출되고, 방송의 경우에는 일정 시간이 흐르고 난 뒤에는 사람들의 기억에서 사라진다. 하지만 회사의 홈페이지 혹은 언론사에 보도자료를 게재하면 기자나 블로거(blogger)가 보도자료, 사진, 유튜브 동영상을 인용해 뉴스 보도와 블로그 포스팅을 하게 되는데, 페이스북 사용자들은 내용이 마음에 들면 친구와 내용을 공유하면서 바이러스처럼 퍼지게 된다.

9. 홍보 및 광고의 통합적인 관점

앞에서 다양한 홍보 및 광고 방법에 대해 설명을 하였는데, 조금 더 세분하여 생각해 보면 홍보와 광고는 〈표 1-1〉과 같이 4가지의 유형으로 분류할 수 있다. 즉, 기업에서 SNS를 활용하여 홍보와 광고를 진행하고 상품판매를 하기 위해서는 통합적인 관점에서 홍보와 광고를 계획하고 진행하는 것이 필요하다는 것을 의미한다.

〈표 1-1〉 홍보와 광고의 분류

	홍보	광고
온라인(on-line)	온라인(on-line) 홍보	온라인(on-line) 광고
오프라인(off-line)	오프라인(off-line) 홍보	오프라인(off-line) 광고

또한, 〈표 1-1〉에 지역(국내 혹은 해외)이라는 개념을 포함시킨다면, 홍보와 광고는 〈표 1-2〉와 같이 8가지로 확대시킬 수 있다. 이러한 8가지의 홍보 및 광고방법 중에서 기업의 마케팅 전략 및 예산 등을 고려한 후에 몇 가지에 집중하면 될 것이다.

① 국내 - 온라인(on-line) 홍보

〈표 1-2〉 지역 개념을 포함한 홍보와 광고의 분류

국내 \ 해외	홍보	광고
온라인(on-line)	온라인(on-line) 홍보	온라인(on-line) 광고
오프라인(off-line)	오프라인(off-line) 홍보	오프라인(off-line) 광고

② 국내 - 온라인(on-line) 광고

③ 국내 - 오프라인(off-line) 홍보

④ 국내 - 오프라인(off-line) 광고

⑤ 해외 - 온라인(on-line) 홍보

⑥ 해외 - 온라인(on-line) 광고

⑦ 해외 - 오프라인(off-line) 홍보

⑧ 해외 - 오프라인(off-line) 광고

한편, 인터넷 및 스마트폰의 보급이 급속하게 증가하면서, 온라인 홍보와 광고가 크게 늘어나고 있는 동시에 다양화되고 있는 실정이다. 또한 스마트폰에서 활용할 수 있는 다양한 SNS앱의 등장으로 인해 SNS는 인맥형성의 범위를 넘어 홍보, 광고 및 상품판매의 목적으로 활용되고 있기 때문에, 창업기업에서는 이러한 SNS를 활용한 홍보와 광고의 환경변화에 신속하게 적응하는 것이 필요할 것이다.

☞ [홍보와 광고 그리고 SNS] 인터넷창업자가 항상 관심을 갖고 있어

야 하는 것은 바로 소비자들의 상품구매 행위인데, 창업기업의 제품에 대한 구매를 촉진시키고 매출을 향상시키기 위해서는 전통적인 홍보와 광고를 SNS와 효율적으로 융합시켜서 창업기업의 경영성과를 극대화시키는 것이라고 할 수 있다. 특히 인터넷 및 스마트폰의 급속한 확산으로 인해 SNS와 개념적으로 융합되지 않은 전통적인 홍보와 광고로는 그 효과가 제한적일 수밖에 없다는 것을 염두에 두고, SNS에 조금 더 적극적인 관심과 계획 그리고 실행이 필요할 것이다.

☞ [홍보와 광고 그리고 SNS 활용의 발전적 단계] 제1장에서는 창업의 과정에서 매출을 올리기 위해서 반드시 필요한 홍보와 광고에 대해 설명을 하였는데, 몇 년 전부터 SNS가 핫이슈(hot issue)로 등장하고 적극 활용되고 있다. 전통적인 홍보와 광고가 어떻게 성장하고 발전하고 있는가를 다음의 3단계로 설명할 수 있다.

① 전통적인 홍보와 광고: SNS가 전혀 활용되지 않는 상태에서의 전통적인 방법에 의한 홍보와 광고의 단계

② SNS를 활용한 홍보와 광고: 전통적인 홍보와 광고에 SNS가 보조적인 지원 역할을 담당하는 단계

③ SNS를 활용한 인터넷창업: SNS가 전통적인 홍보와 광고에 보조적인 지원 역할을 담당하는 수준을 넘어 SNS를 독립적으로 활용한 인터넷창업의 수준으로 발전하는 단계

☞ [YouTube 채널: 김영문_travel_and_sbiz]

유튜브(YouTube)에 등록되어 있는 제1장과 관련된 동영상 강좌는 다음과 같으며, 창업의 과정에서 반드시 필요한 홍보와 광고에 대해

전체적으로 설명을 하면서 SNS가 어떻게 활용될 수 있는가에 대해 부분적으로 설명하고 있다.

① 창업 그리고 홍보와 광고

② 창업 그리고 홍보와 광고(요약)

③ 홍보 및 마케팅 전략 10가지

④ 홍보를 위한 인쇄물의 종류

제 2 장

SNS의 종류 및 상업적 활용

1. SNS의 개념
2. 인터넷창업이 가능한 SNS의 종류
3. SNS의 상업적 활용

1. SNS의 개념

SNS(social network service, 소셜 네트워크 서비스)는 온라인 인맥 구축 서비스로 출발되었다. 즉, SNS는 1인 미디어, 1인 커뮤니티, 개인 간의 정보 공유 등을 포괄하는 개념이며, 참가자가 서로에게 친구를 소개하여, 친구관계를 넓힐 것을 목적으로 개설된 커뮤니티형 웹사이트라고 할 수 있다(위키백과, ko.wikipedia.org). 또한, 보이드와 엘리슨(Boyd &Ellison, 2008)은 SNS를 "개인들로 하여금 특정 시스템 내에 자신의 신상 정보를 공개 또는 준공개적으로 구축하게 하고, 그들이 연계를 맺고 있는 다른 이용자들의 목록을 제시해 주며, 나아가 이런 다른 이용자들이 맺고 있는 연계망의 리스트, 그리고 그 시스템 내의 다른 사람들이 맺고 있는 연계망의 리스트를 둘러볼 수 있게 해주는 웹 기반의 서비스(web-based services)"라고 정의하였다.

이러한 SNS에 대한 다양한 정의들을 종합적으로 고려할 때, SNS는 먼저 인맥형성을 목적으로 개설된 웹사이트에서 공통의 관심이나 활동을 지향하는 일정한 수의 사람들이 일정한 시간 이상 공개적으로 또는 비공개적으로 자신의 신상 정보를 드러내고 정보 교환 및 교류를 수행함으로써 대인관계망을 형성토록 해 주는 웹 기반의 온라인 서비스로 정의될 수 있다.

따라서, SNS는 오프라인(off-line)에 있는 창업자의 점포뿐만 아니라 인터넷쇼핑몰, 오픈마켓(open market) 등과 같은 다양한 온라인(on-line) 전자상거래 사이트들의 홍보 및 광고를 진행하기 위해서 매우 유용하게 활용될 수 있으며, 창업자가 운영하고 있는 SNS뿐만 아니라 다른 사람들이 운영하고 있는 SNS까지 통합적으로 활용하여 창업자가 목표로 하는 홍보, 광고 및 상품판매를 효과적으로 진행할 수 있는 장점이 있다.

한편, SNS를 한 단계 더 발전시켜 활용하게 되면 결국 SNS를 활용한 창업이 얼마든지 가능하다는 장점이 있다. 특히 SNS가 창업기업의 홍보 및 광고를 지원하는 수준을 넘어서 SNS 사이트를 하나의 인터넷창업 사이트로 운영하는 수준으로 발전시키는 것도 가능할 것이다. 예를 들어, 밴드(band.us)를 활용하여 인터넷창업을 하는 사례들은 무수히 많은데, 전통적인 홍보 및 광고뿐만 아니라 다른 웹사이트의 추가적인 지원 없이 밴드(band.us)를 하나의 독립적인 인터넷창업 사이트로 활용하고 있는 실정이다.

2. 인터넷창업이 가능한 SNS의 종류

SNS를 단순히 인맥형성 및 홍보를 위한 수단의 관점을 넘어 SNS를 활용한 인터넷창업이라는 관점에서 생각해 보면, 일반적인 관점에서의 SNS 및 포괄적인 관점에서의 SNS의 두 가지로 구분할 수 있다.

(1) 일반적인 관점에서의 SNS

일반적인 관점에서 생각할 수 있는 소셜 네트워크 서비스(social network service)의 종류는 아래와 같다.

① 트위터(www.twitter.com)

② 페이스북(www.facebook.com)

③ 한국어트위터(www.twtkr.com)

④ 밴드(band.us)

⑤ 텀블러(www.tumblr.com)

⑥ 마스토돈(mastodon)

이러한 사이트들에 가입하여 효과적인 활용방법을 습득한 후에 어떻게 사용하는 것이 창업기업의 홍보, 광고 및 상품판매에 도움이 되는지를 파악하는 것이 필요한데, 소셜 네트워크 서비스의 이용자가 급속하게 증가하고 있는 실정이다. 예를 들어, 트위터 및 페이스북은 페이지뷰 기준으로 2010년 1월에서 2011년 8월까지 수십배 이상 트래픽이 증가하고 있는 것으로 조사되었다(뉴스토마토, 2011.9.16). 이러한 통계는 SNS를 이용하고 있는 사람들이 크게 증가하고 있다는 것을 설명하고 있으며, SNS는 인맥형성의 차원을 넘어 인터넷창업의 목적으로도 충분히 활용될 수 있다는 것을 의미하기도 한다.

☞ [텀블러(tumblr)] 쉽고 간단하게 블로그를 만든 뒤 글이나 사진을 친구와 공유할 수 있게 하는 단문 블로그 서비스로, 2007년 데이비드 카프가 설립했다. 트위터처럼 이용자들끼리 팔로우(follow) 하면 서로가 올린 새 게시물을 바로 확인할 수 있다. 텀블러는 마이크로 블로그 사이트에 소셜 기능을 접목한 서비스로 평가받고 있는데, 그래서 SNS와 일반 블로그의 중간 형태로 통한다. 바로 이런 특성 때문에 텀블러는 이용자 취향에 따라 블로그로 사용할 수도 있고 페이스북이나 카카오스토리처럼 SNS로 사용할 수도 있다(네이버 지식백과, terms.naver.com).

(2) 포괄적인 관점에서의 SNS

아직도 많은 사람들은 SNS를 트위터, 페이스북, 밴드 등만을 중심으로 생각하는 경향이 있는데, 인터넷을 활용하는 온라인(on-line)에서 인맥의 형성, 교류 및 협력 등을 조금 더 넓은 관점에서 생각해 보면 아래의 웹사이트들도 SNS의 범위에 직·간접적으로 포함시킬 수 있다. 또한 위에서 언급하였듯이, 전통적인 홍보 및 광고뿐만 아니라 다른 웹사이트의 추가적인 지원 없이 하나의 인터넷창업 사이트로 독립적으로 활용할 수 있다면, 그러한 사이트들은 포괄적인 관점에서 SNS에 포함시킬 수 있을 것이다.

① **카페(cafe)**: 다음(Daum)과 네이버(Naver)에서 누구나 무료로 개설할 수 있는데, 카페는 커뮤니티형 SNS라고 할 수 있다. 즉, 특정 주제 혹은 이슈에 관심이 있는 사람들이 하나의 커뮤니티(community)를 형성하여 회원들이 상호 교류하면서 유익한 정보를 공유하고, 상호 인맥을 형성하고, 제휴와 협력도 하게 된다. 또한 다음(Daum)과 네이버(Naver)에는 상품등록게시판을 개설한 후에 상품을 등록하여 판매할 수 있는 기능 및 결제 기능을 함께 제공하고 있어 독립적인 인터넷창업이 충분히 가능한 SNS의 범주에 포함시킬 수 있다.

② **블로그(blog)**: 1인 미디어의 형태로 운영이 되고 있지만, 댓글과 스크랩 기능 등을 활용하여 상호 교류를 할 수 있는 SNS의 요소를 갖고 있다. 최근에는 다양한 결제시스템의 개발로 인해 블로그를 활용한 홍보 및 광고 외에도 상품판매도 확산되고 있는 실정이다. 또한 방문자가 많아 영향력이 큰 인터넷 블로그를 운영하는 사람인 파워 블로거(power blogger)들의 경우에는 인맥 형성 외에도 특정 제품의 판매에 대해 직·간접적으로 영향을 미치고 있어서 포괄적인 관점에서의 SNS에 포함시킬 수 있다. 최

근에는 블로그를 활용하여 상품을 직접 판매하고 있는 사례도 점차 증가하고 있다.

③ **유튜브(YouTube)**: [그림 2-1]에서 보듯이, 유튜브의 Your Channel 메뉴에서는 본인이 등록한 모든 동영상(UCC)들을 관리할 수 있으며, 공유 및 댓글 등을 활용하여 다른 사람들과 인맥을 형성하거나 유익한 정보들을 공유할 수 있는 SNS의 요소를 갖고 있다. 예를 들어, 유튜브에 있는 저자의 Your Channel(김영문_travel_and_sbiz)을 보면, 431명의 구독자들이 있는데, [구독자]를 클릭한 후에 댓글, 메시지 등을 활용하여 구독자들과 인맥 형성 및 교류를 할 수 있는 SNS의 요소가 있다. 특히 관심이 있는 동영상에 대해 구독(subscribe)을 함으로써 유튜브의 동영상

[그림 2-1] 유튜브의 Your Channel

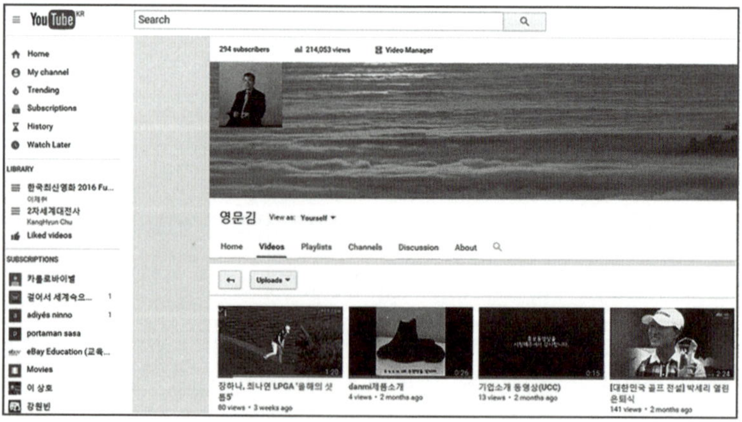

등록자들과 인맥을 형성할 수 있으며, 메시지도 서로 주고받을 수 있다.

또한 최근에는 인터넷 무료 동영상 공유 사이트인 유튜브(YouTube)에서 활동하는 개인 업로더들을 지칭하는 유튜버(YouTuber)의 경우에는 다양한 구독자들과 인맥을 형성하면서 본인이 직접 만들어서 업로드하는 동영상을 활용하여 많은 수입을 올리고 있는 사례들도 점차 증가하고 있기 때문에, 유튜브(YouTube)는 SNS의 범주에 포함시킬 수 있으며 유튜버(YouTuber) 역시 SNS를 활용한 인터넷창업의 사례라고 할 수 있다.

④ **기타**: 윅스(www.wix.com), 스마트스토어(스토어팜, storefarm) 등도 제공하고 있는 기능의 관점에서 보면 SNS로서의 요소가 부분적으로 있다고 할 수 있다.

(3) SNS앱의 종류

현재 국내에서 이용되고 있는 1~20위까지의 SNS앱을 2018년도를 기준으로 살펴보면 아래와 같다(App Ape, ko.appa.pe; 키뉴스, 2019.01.31). 요즈음 몇 년 전에 비해 국내에서 이용되고 있는 SNS앱들이 점차 다양화되고 있는데, 창업자의 입장에서 보면 SNS를 활용한 인터넷창업이 더욱 다양화되면서 활성화될 것이라는 것을 의미한다.

① 밴드(band.us)

② 인스타그램(www.instagram.com)

③ 페이스북(www.facebook.com)

④ 카카오스토리(story.kakao.com)

⑤ 네이버 카페(cafe.naver.com)

⑥ 다음 카페(cafe.daum.net)

⑦ 네이버 블로그(blog.naver.com)

⑧ 트위터(twitter.com)

⑨ 에브리타임(everytime.kr)

⑩ 캐시슬라이드(site.cashslide.co.kr)

⑪ 텔레그램(www.telegram.org)

⑫ 텀블러(www.tumblr.com)

⑬ 트위치(app.twitch.tv)

⑭ 비트윈(between.us)

⑮ 스타일쉐어(www.styleshare.kr)

⑯ 구글플러스(plus.google.com)

⑰ 핀터레스트(www.pinterest.co.kr)

⑱ 디시인사이트(www.dcinside.com)

⑲ 디스코드(discord.com)

⑳ 허니스크린(ko.honeyscreen.com)

위에서 보면 포괄적인 관점에서의 SNS에 포함시켰던 네이버 카페, Daum 카페, 네이버 블로그 등이 국내에서 많이 이용되고 있는 SNS의 범주에 포함되고 있는 것을 볼 수 있다. 아울러, 비록 일반적인 관점에서의 SNS가 아니더라도 온라인(on-line)에서 인맥형성 및 교류가 가능하면서 독립적인 인터넷창업 사이트로 활용이 가능할 수 있으면, 그 사이트 역시 SNS에 포함시킬 수 있다.

또한, 2020년 11월 한 달 동안 한국인이 가장 많이 사용한 SNS는 다음과 같은데, 연령별로 선호하는 SNS가 다른 것으로 조사되었다(동아일보, 2020.12.29). 예를 들어, 10대는 페이스북을 가장 많이 사용한 반면에 20대와 30대는 인스타그램을 가장 많이 사용했다. 이 밖에도 40대에서는 네이버 카페가, 50대 이상에서는 네이버 밴드가 1위로 조사되었다.

① 인스타그램(www.instagram.com)
② 페이스북(www.facebook.com)
③ 네이버 카페(cafe.naver.com)
④ 트위터(twitter.com)
⑤ 밴드(band.us)
⑥ 다음 카페(cafe.daum.net)
⑦ 카카오스토리(story.kakao.com)
⑧ 네이버 블로그(blog.naver.com)

한편, 미국에서 인기 있는 SNS 종류는 다음과 같은데(Catalk, 2018.3.12), 2017년도 기준 미국 인구의 81%가 SNS 프로필을 가지고 있다고 한다.

① 페이스북(Facebook)

② 유튜브(YouTube)

③ 트위터(Twitter)

④ 인스타그램(Instagram)

⑤ 핀터레스트(Pinterest)

⑥ 구글플러스(Google+)

⑦ 링크드인(Linkedin)

⑧ 스냅챗(Snapchat)

⑨ 텀블러(Tumblr)

⑩ 레딧(Reddit)

☞ [SNS를 활용한 글로벌 창업] 국내에서 이용되고 SNS와 미국에서 인기 있는 SNS가 조금 다르다는 것을 알 수 있는데, 이것은 SNS를 활용하여 국내에서 창업할 것인가 아니면 글로벌 창업을 할 것인가에 따라 활용해야 하는 SNS가 달라질 수 있다는 것을 의미한다. 즉, 목표 고객(target customer)이 선정된 후에 수행해야 하는 것은 바로 목표 고객들이 주로 어떤 SNS를 많이 사용하는가를 조사하는 것이라고 할 수 있으며, 이를 통하여 어떤 SNS를 활용하여 인터넷 창업을 할 것인가를 결정해야 한다.

3. SNS의 상업적 활용

최근 위아소셜(We Are Social)의 조사결과에 따르면, 한국 사람들의 SNS 이용률은 아랍에미리트와 대만에 이어서 세계 3위로 조사되었는데(조선일보, 2020.9.7), 이것은 SNS를 상업적으로 활용하기 위한 환경이 충분히 조성되었다는 것을 의미한다. 아울러 지금까지 SNS의 주요 목적이 인맥형성 및 교류, 정보공유 등이었다면, 최근에 SNS는 상업적인 목적으로 그 활용을 넓혀 가고 있는 상황이다. 즉, 단순히 친목 목적의 인맥형성에서 형성된 인맥들을 대상으로 하는 비즈니스의 추구가 부가되어, 결국 SNS는 상품판매를 하기 위한 홍보와 광고, 그리고 결제기능이 부가된 인터넷창업의 형태로 발전하고 있는 실정이다.

① SNS를 활용한 홍보와 광고
② SNS를 활용한 제휴와 협력
③ SNS를 활용한 상품판매
④ SNS를 활용한 인터넷창업

이와 같이 SNS는 홍보와 광고뿐만 아니라 상품판매의 목적으로도 충분히 활용할 수 있는데, SNS 사이트에서 독립적으로 상품을 판매하는 인터넷창업이 가능하며 아울러 SNS를 상품판매

사이트들과 연계시켜 상품을 간접적으로 판매하는 인터넷창업으로 구분하여 생각할 수 있다.

한편, 국세청에서는 2021년부터 생활밀착형 현금수입 업종 10개를 현금영수증 의무발행 업종에 추가했는데, SNS마켓에서 10만원이 넘는 현금 거래를 할 때에는 반드시 현금영수증을 발급하도록 했다(경향신문, 2020.12.15). 이에 따라 SNS를 활용하여 인터넷창업을 할 때에는 이러한 규정들을 확인하고 준수하는 것이 반드시 필요할 것이다.

☞ [참고] 추가된 현금영수증 의무발행 업종: 사회관계망서비스(SNS)와 온라인 상점 등 전자상거래 소매업, 두발 미용업(미용실), 의복 소매업, 신발 소매업, 통신기기 소매업, 컴퓨터·주변장치·소프트웨어 소매업, 애완용 동물 및 관련용품 소매업, 독서실 운영업, 고시원 운영업, 철물 및 난방용구 소매업 등 10종(경향신문, 2020.12.15).

(1) 직접 인터넷창업이 가능한 SNS

창업기업에서 보면 SNS는 단순히 인맥형성 및 정보교환의 차원을 넘어서 상품이 판매되어 매출을 올리기 위한 수단이 되어야 한다. 직접 상품을 등록하여 판매할 수 있는 SNS는 아래와 같다.

① **페이스북(www.facebook.com)**: 페이스북에서 [판매/구매] 그룹을 만들거나 페이스북 페이지의 [무료 Facebook 비즈니스 도구]에서 [제품 판매]를 클릭한 후에 [Shop 설정]을 하면 상품을 등록하여 판매할 수 있다. 페이스북에서의 상품판매와 관련된

기능은 그룹 및 페이지에서 제공하고 있지만, 조금씩 수정 및 보완되고 있어서 정기적으로 확인이 필요하다.

② **다음(Daum) 및 네이버(Naver) 카페**: 카페에서 [상품등록게시판]을 추가하여 상품을 등록하고 판매할 수 있으며, 상품을 등록할 때에 [안전거래]를 선택하는 경우에는 상품을 구매하는 고객들은 신용카드, 실시간계좌이체 및 무통장입금으로 결제를 할 수 있다.

③ **밴드(band.us)**: 밴드 자체에는 결제시스템이 없지만 상품을 판매하고 있는 밴드가 급속하게 증가하고 있는 실정이다. 하지만, 최근에는 유니크로(www.unicro.co.kr), 블로그페이(blogpay.co.kr) 등과 같은 SNS전용 카드결제시스템이 개발됨에 따라 밴드에서의 신용카드결제뿐만 아니라 휴대폰결제, 계좌이체, 가상계좌, 무통장입금 등 다양한 결제방법을 이용하여 상품판매가 가능하게 되었다.

④ **블로그(blog)에서 상품판매**: 인터넷에서 작성하는 개인 일기장 혹은 1인 미디어로 시작된 블로그에서도 결제서비스를 활용하여 상품의 판매가 가능하다. 예를 들어, 유니크로(www.unicro.co.kr)에서는 블로그(웹 혹은 모바일)에서 고객들이 구매한 상품에 대해 신용카드, 실시간계좌이체 및 무통장입금으로 결제를 할 수 있는 [주문링크]를 제공하고 있다.

⑤ **스마트스토어(smart store)**: 네이버(Naver)가 쇼핑몰과 블로그(blog)의 장점을 결합하여 개발한 새로운 쇼핑몰 구축 솔루션

이며, 스마트스토어 판매자센터(sell.smartstore.naver.com)에서 무료로 개설할 수 있다.

(2) 연계 인터넷창업이 가능한 SNS

SNS에서 독립적으로 상품을 판매할 수는 없지만, 다양한 SNS 혹은 외부 사이트를 연계시켜 인터넷창업이 가능한 방법들은 아래와 같다.

① **유튜브(YouTube)에서 SNS와 연계한 상품판매**: 유튜브에 판매하고자 하는 상품에 대한 홍보 동영상(UCC)을 등록한 후에 코멘트(Comments, 공개 댓글) 부분에 해당 상품을 판매하는 SNS 혹은 상품구매 페이지의 주소를 등록하면 된다([그림 2-2] 참조). 상품판매 SNS는 상품을 등록 및 판매할 수 있는 SNS뿐만 아니라 인터넷쇼핑몰, 옥션의 스토어(store), G마켓의 미니샵(minishop) 등을 활용할 수 있다.

② 윅스(wix)에 온라인 쇼핑몰을 직접 개설하여 상품을 판매할 수 있으며, "eBay eCommerce" 앱을 추가하여 이베이(eBay)에 등록되어 있는 본인의 상품들을 윅스(wix)에서 판매할 수 있다.

③ 기타 HTML을 사용할 수 있는 사이트의 경우에는 유니크로(www.unicro.co.kr)에서 제공하는 [주문링크]를 활용하여 상품판매를 할 수 있다.

[그림 2-2] 유튜브에서 SNS와 연계한 상품판매

(3) 기업 및 기관 등에서의 SNS 활용

현재 수 많은 기업 혹은 기관 등에서 SNS를 다양하게 활용하고 있는데, 주요 사례들을 살펴보면 다음과 같다. 이러한 사례들을 살펴보면, SNS를 활용한 홍보 외에도 상품판매 및 매출 증가를 위해 적극 활용하고 있다는 것을 알 수 있다.

① 애경산업에서는 뷰티 · 생활용품에 관심이 많은 소비자를 대상으로 제품 체험 후 SNS(사회관계망서비스) 홍보 활동을 진행할 [AK 러버 서포터즈]를 모집하고 있는데, 블로그 · 인스타그램 · 유튜브 등 SNS 채널별로 제품 홍보 · 신제품 아이디어 제안 등 다양한 마케팅 · 홍보 활동을 하게 된다(뉴스1, 2021.1.25).

② 강릉시에서는 [SNS 서포터즈]를 모집하여 블로그, 유튜브, 페이스북, 인스타그램 등의 SNS에서 시정 홍보사항 및 시민에게 유용한 소식 등을 전파하는 역할을 수행하고 있다(헤럴드경제, 2021.1.25).

③ 과천시에서는 [SNS 시민기자단]을 모집하여 정책, 문화, 관광, 여행, 생활정보 등을 소재로 생생한 현장 취재를 통해 콘텐츠를 발굴 · 생산해 과천시를 홍보하는 역할을 수행하고 있다(이뉴스투데이, 2021.1.25).

④ 옥천군에서는 [향수옥천 SNS 홍보 서포터즈]를 모집하여 관광명소, 축제, 행사, 군정 소식 등 지역의 다양하고 생생한 소식을 직접 취재하고 이를 개인 SNS 및 군 공식 SNS로 홍보하는

역할을 수행하고 있다(충청투데이, 2021.1.24).

⑤ 합천군에서는 [합천관광 SNS 서포터즈]를 모집하여 지역의 관광지 · 축제 등 크고 작은 행사의 소식 포스팅과 현장 취재, 숨은 관광지와 맛집 소개 등 각종 합천관광 정보를 제공하고 홍보하는 일을 담당하고 있다(뉴스메이커, 2021.1.23).

⑥ 광양시에서는 [광양관광 SNS 크리에이터]를 모집하여 광양의 역사, 명소, 축제, 맛집 등 광양 관광자원을 감성 넘치는 콘텐츠로 제작하여 홍보하는 역할을 수행하고 있다(빅데이터뉴스, 2021.1.25).

⑦ 티몬은 고객이 본인의 소셜네트워크서비스(SNS)로 지인에게 상품 판매 페이지 링크를 공유하면 해당 제품을 할인 가격에 구매할 수 있는 새로운 구매 방식 '공유타임'을 신설하여 활용하고 있다(서울경제, 2021.1.19).

⑧ 밀양시에서는 [SNS 알리미]를 선발하여 언택트 랜선여행으로 밀양을 둘러볼 수 있게 전 국민을 밀양 SNS로 초대하는 역할을 수행한다(신아일보, 2021.1.24).

⑨ 대구 수성문화재단 수성아트피아에서는 [SNS 홍보단]을 모집하여 현장취재, 창작콘텐츠 제작, SNS 모니터링 등 다양한 활동을 하고 있다(영남일보, 2021.1.24).

⑩ 최근 롯데백화점, 현대백화점 등에서는 SNS를 활용하여 명절 선물을 보낼 수 있도록 지원하고 있다(동아일보, 2020.12.31).

⑪ 최근 SNS에서 여러 모양의 눈뭉치 인증샷을 남기는 유행이

일면서 '눈뭉치 제조기(스노우볼 메이커)'가 불티나듯 팔리고 있는데(한겨레, 2021.1.7), G마켓의 경우에는 최근 2주(12월 24일~1월 6일)간 눈뭉치 제조기 매출이 지난해 같은 기간과 비교하여 1890% 증가했다고 한다.

⑫ 롯데제과에서는 프리미엄 디저트 브랜드 '디저뜨와'를 활용한 다양한 감성 플레이팅 사진을 찍어 특정 해시태그와 함께 고객들의 인스타그램(instagram)에 올리면 심사 및 추첨을 통해 다양한 종류의 경품으로 홈카페 인테리어를 지원하고 있다(라이센스뉴스, 2020.12.28).

⑬ 신한은행이 개설한 페이스북, 인스타그램, 유튜브 등 공식 소셜미디어(SNS) 채널 팔로워가 150만명을 돌파했는데(조선일보, 2020.7.21), 신한은행 공식 페이스북에서 '찐 · 찐 · 찐 이벤트'를 진행하고 있다.

⑭ LG유플러스는 인스타그램, 네이버 포스트 등 다수의 SNS를 활용하여 5G 서비스와 혜택을 보여주는 커뮤니케이션을 펼치며 고객들로부터 높은 반응을 이끌어내고 있다(매일경제, 2020.11.11).

⑮ 울산항만공사에서는 인스타그램, 카카오톡, 네이버 블로그를 활용하여 SNS 소통 활성화를 위한 노력을 하고 있다(현대해양, 2020.9.14).

☞ [실습] 다양한 종류의 SNS 및 SNS전용 카드결제시스템의 활용사례에 대해서 조사를 해 보세요.

① 직접 혹은 연계 인터넷창업이 가능한 SNS에는 어떤 것들이 있는가?

② SNS에서 사용할 수 있는 결제시스템에는 어떤 것들이 있는가?

③ 결제시스템을 사용하여 상품을 판매하고 있는 SNS의 사례를 조사해 보세요.

☞ [윅스(wix)를 활용한 홈페이지 및 인터넷쇼핑몰 제작] WixWeb(www.wixweb.net)은 WIX를 이용하여 홈페이지 및 인터넷쇼핑몰을 제작해 주고 있다.

☞ [네이버(Naver)의 스마트스토어를 활용한 창업 사례] 소호리(smartstore.naver.com/soholeeshop)는 일본에서 직수입한 신발 및 의류 등을 판매하고 있으며, 소점포 창업도 함께 진행하고 있다.

☞ [YouTube 채널: 김영문_travel_and_sbiz]

유튜브(YouTube)에 등록되어 있는 제2장과 관련된 동영상 강좌는 아래와 같은데, SNS의 범위를 인맥형성 및 교류와 더불어 상품판매를 통한 인터넷창업이라는 보다 넓은 관점에서 생각하는 것이 필요할 것이다. 예를 들어, 지금은 인맥형성 및 교류의 기능만 제공하고 있는 SNS라고 하더라도 장기적으로는 상품판매의 영역으로 발전할 것이기 때문이다.

① SNS의 종류와 활용

② SNS를 활용한 홍보와 광고 그리고 상품판매

③ 윅스(wix)로 홈페이지 만들기

제 3 장

SNS를 활용한 인터넷창업의 준비 및 계획

SNS를 활용하여 상품과 서비스를 효과적으로 홍보 및 광고하거나 판매하는 인터넷창업을 성공적으로 진행하기 위해서 반드시 알아야 하는 것은 바로 HTML의 활용, 포토샵(Photoshop)의 활용, 이미지 호스팅 사이트(image hosting site)의 활용, 결제 기능의 활용, SNS를 활용한 인터넷창업의 구체적인 계획 등이라고 할 수 있다.

제1절 HTML의 활용

SNS를 활용한 인터넷창업을 위해 반드시 알아야 하는 것 중의 하나는 바로 HTML인데, HTML은 HyperText Markup Language의 약어로서 홈페이지, 인터넷쇼핑몰 등에서 웹 문서를 만들기 위하여 사용하는 기본적인 프로그래밍 언어의 한 종류이다(김석주, 1997.2.20).

창업자들이 알아야 하는 필수 HTML 명령어들은 이 절에서 설명하는데, 이 절의 HTML 명령어들을 자유롭게 활용할 수 있으면 충분하다. 다만, HTML 명령어를 공부할 때에 사전에 알고 있어야 하는 것은 다음과 같다.

① HTML 명령어는 대문자보다는 소문자로 작성하는 것이 좋다.

② 이미지 파일명은 한글보다는 영어 소문자로 하는 것이 좋다.

③ HTML 명령어를 사용할 때에는 띄어쓰기에 유의해야 한다.

④ HTML 문서를 만들거나 본 교재에 있는 HTML 내용을 실습하기 위해서는 네이버 소프트웨어(software.naver.com)에서 에디트플러스(EditPlus)를 다운 받아서 사용하거나 다음(Daum) 혹은 네이버(Naver)의 카페(cafe) 혹은 블로그(blog)에서 [글쓰기]를 한 후에 HTML 명령어를 입력할 수 있도록 HTML을 체크(☒)한 후에 HTML 명령어를 입력하고, [미리보기]를 클릭하여 실행결과를 확인하면 된다.

⑤ 또한 HWP로 작성한 문서를 HTML 문서로 변환시킬 수가 있는데, [파일]–[다른 이름으로 저장하기]에서 파일형식을 인터넷문서(*.htm, *.html)로 선택한 후에 저장하면 된다.

1. 이미지 불러오기

```
<img src="http://www.mis.or.kr/images/new_main_13.gif">
```

위의 HTML 명령어는 웹사이트(www.mis.or.kr) 내의 폴더(images) 안에 저장되어 있는 이미지 파일(new_main_13.gif)을 불러와서 웹브라우저(Internet Explorer) 화면에서 보여 달라는 의미로 해석할 수 있다. 옥션, G마켓 등의 오픈마켓(open market)에서의 상품 등록 과정에서 상세정보를 꾸밀 때에 사용하는 명령어이다. 예를 들어, tinypic(tinypic.com) 등과 같은 이미지 호스팅 사이트(image hosting site)에 상품이미지를 등록한 후에 위의 명령어를 사용하여 옥션, G마켓 등의 상품정보(혹은 상품상세정보) 페이지에서 보여주게 된다.

한편, 〈img〉 태그에서 사용할 수 있는 다양한 속성은 〈표 3-1〉과 같다.

〈표 3-1〉 〈img〉 태그의 속성

속성	설명	사용 예
src	이미지 파일의 경로 지정	〈img src="123.jpg"〉
alt	이미지 설명 문장을 지정	〈img src="123.jpg" alt="행복한 그림"〉
width	이미지 폭 지정	〈img src="123.jpg" width="400"〉
height	이미지 높이 지정	〈img src="123.jpg" height="400"〉
border	이미지 테두리 두께 지정	〈img src="123.jpg" border="3"〉

2. 텍스트 혹은 이미지를 클릭했을 때에 특정 사이트로 링크하기

```
〈a href="http://www.mis.or.kr" target=win1〉
〈FONT COLOR=RED SIZE=3〉〈B〉사랑나눔회〈/B〉〈/FONT〉
〈/a〉
```

홈페이지, 카페(cafe) 혹은 블로그(blog)에서 텍스트(사랑나눔회)를 클릭하면 웹사이트(www.mis.or.kr)로 링크시키는 명령어이다. 그런데 target=win1은 새로운 웹브라우저(Internet Explorer)를 불러와서 웹사이트(www.mis.or.kr)로 링크시키라는 의미이다. 실습할 때에 target=win1을 삭제한 후에 실습해 보면 그 차이를 쉽게 알 수 있다.

〈FONT COLOR=RED SIZE=3〉〈B〉사랑나눔회〈/B〉〈/FONT〉 명령어를 해석해 보면, 사랑나눔회라는 글자를 붉은색(COLOR=RED)으로, 크기는 3으로, 그리고 진하게(B) 표시하라는 의미이다. 아울러, RED 대신에 다른 컬러를 상징하는 단어, 3 대신에 다른 숫자, B를 삭제한 후에 사용해 보면 그 차이를 알 수 있다. 참고로 숫자 3은 HWP로 10 폰트 크기에 해당된다.

한편, 〈font〉 태그에서 사용할 수 있는 다양한 속성은 〈표 3-2〉와 같다.

〈표 3-2〉 〈font〉 태그의 속성

속성	설명	사용 예
color	글자색상 지정	〈font color="red"〉
size	글자크기 지정	〈font size="3"〉
face	글꼴 지정	〈font face="궁서체"〉

```
<a href="http://www.mis.or.kr" target=win1>
<img src="http://www.mis.or.kr/images/new_main_13.gif">
</a>
```

또한, 위와 같이 사랑나눔회라는 글자 대신에 이미지(new_main_13.gif)를 불러오는 명령어를 사용할 수 있는데, 이미지(new_main_13.gif)를 클릭하면 웹사이트(www.mis.or.kr)로 링크시키는 HTML 명령어이다. 즉, 특정 웹사이트로 링크를 시키기 위해서는 텍스트(사랑나눔회)를 클릭할 수도 있고, 이미지(new_main_13.gif)를 클릭할 수도 있다는 것을 의미한다.

3. 테이블 만들기

테이블(table)을 만들기 위해서는 〈table〉, 〈tr〉, 〈td〉 태그의 사용방법에 대해 알고 있어야 하는데, 아래의 예를 통해 테이블을 만드는 방법에 대해 설명할 것이다.

```
〈table border=1〉
〈tr〉
  〈td〉
    〈img src="http://www.mis.or.kr/images/booknewbiz.gif"
     width=270〉
  〈/td〉
  〈td〉
    〈img src="http://www.mis.or.kr/images/new_main_13.gif"〉
  〈/td〉
〈/tr〉
〈/table〉
```

위의 명령어를 살펴보면, 먼저 〈tr〉...〈/tr〉 명령어로 만든 한 줄로 된 테이블(table)에 〈td〉...〈/td〉 명령어를 이용하여 2칸을 만든 후에 〈img src="이미지 주소"〉 명령어를 사용하여 이미지(booknewbiz.gif, new_main_13.gif)를 불러와서 각 칸에서 보여주

[그림 3-1] table 명령어로 만든 테이블의 모양

booknewbiz.gif 이미지	new_main_13.gif 이미지

는 명령어이다. 즉, [그림 3-1]에서와 같이 이미지 호스팅 사이트에 등록되어 있는 포토샵 이미지를 불러와서 각 칸에서 보여주게 된다. 또한 border=1은 테이블의 테두리를 1 픽셀(pixel)로 나타내라는 것이며, width=270은 이미지의 가로 폭을 270 픽셀로 하라는 의미이다. 만약에 이미지의 높이를 조절하려면 height=270과 같이 사용하면 되며, border=0으로 설정하면 테이블의 테두리가 보이지 않게 된다. 사실, 대부분의 웹사이트들은 테이블(table)을 사용하여 만들고 있지만, border=0으로 설정하여 테두리가 보이지 않게 하고 있다.

테이블(table)을 만들 때의 기본적인 절차는 아래와 같다.

① 먼저 〈tr〉...〈/tr〉를 활용하여 줄을 만든다. 만약에 테이블(table)이 2줄로 구성되어 있으면 〈tr〉...〈/tr〉를 2번 활용하면 된다.

② 〈td〉...〈/td〉를 활용하여 〈tr〉...〈/tr〉로 만든 테이블의 줄 내

에 있는 칸을 만들 때에 사용한다. 예를 들어, 한 줄에 두 칸을 만들 때에는 〈td〉...〈/td〉를 두 번 사용하면 된다.

한편, 두 줄 및 두 칸의 테이블(2*2)을 만들려고 하면, 위의 table 명령어에서 〈tr〉에서 〈/tr〉까지를 그대로 복사하여 한 번 더 사용하면 된다. 즉, [그림 3-2]와 같은 모양의 테이블을 만들기 위한 HTML 명령어는 다음과 같다.

[그림 3-2] 두 줄 및 두 칸의 table

booknewbiz.gif 이미지	new_main_13.gif 이미지
booknewbiz.gif 이미지	new_main_13.gif 이미지

```
<table border=1>
<tr>
  <td>
    <img src="http://www.mis.or.kr/images/booknewbiz.gif"
     width=270>
  </td>
  <td>
    <img src="http://www.mis.or.kr/images/new_main_13.gif">
  </td>
</tr>
<tr>
  <td>
    <img src="http://www.mis.or.kr/images/booknewbiz.gif"
     width=270>
  </td>
  <td>
    <img src="http://www.mis.or.kr/images/new_main_13.gif">
  </td>
</tr>
</table>
```

4. 제목을 메인페이지에 배치한 후에 링크시키는 방법

카페(cafe)의 특정 게시판에 교류모임 혹은 행사에 대한 홍보 글을 등록한 후에 그 글의 제목을 메인페이지에 등록하고, 네티즌들이 글의 제목을 클릭하면 게시판에 등록되어 있는 글의 내용을 볼 수 있도록 하는 것은 아래의 HTML 명령어로 만들 수 있다.

① 텍스트를 클릭했을 때에 특정 사이트로 링크하기를 활용하면 된다. 아래에서 '사랑나눔회' 대신에 교류모임 혹은 행사제목 및 일정을 입력하면 된다.

```
<a href="http://www.mis.or.kr" target=win1>
<FONT COLOR=RED SIZE=3><B>사랑나눔회</B></FONT></a>

<a href="http://www.mis.or.kr" target=win1>
<FONT COLOR=BLUE SIZE=3><B>창업교육</B></FONT>
<FONT COLOR=RED SIZE=3><B>12월 31일(토)</B></FONT>
</a>
```

② a href="http://www.mis.or.kr"에서 따옴표 내에 게시판에 등록되어 있는 글의 제목 위에 마우스를 올려놓고 오른쪽 마

[그림 3-3] 게시판에 등록된 글의 주소(URL)를 확인하기

우스를 클릭한 후에 [링크 주소 복사(E)]를 선택하여 주소(URL)를 복사하여 입력하면 된다([그림 3-3] 참조). 즉, 게시판에 등록되어 있는 글의 주소(URL)로 링크시키라는 것인데, 결국 그 글의 내용을 볼 수 있도록 한다.

③ target=win1은 새로운 창(웹브라우저)을 열어서 링크를 시킬 때에 사용한다.

④ 위에서 만든 HTML 명령어들을 활용하여 테이블(table)로 만들어도 되는데, 여러 건을 동시에 홍보하고 싶을 때에 유용하게 활용할 수 있다.

5. COLSPAN 및 ROWSPAN 명령어의 활용

테이블(TABLE)에서 특정 가로 줄 혹은 세로 줄의 일부를 합치는 경우에는 COLSPAN 및 ROWSPAN 명령어를 사용하면 된다.

① **COLSPAN**: colspan은 가로 줄을 묶는 기능이다. 예를 들어, colspan='2'는 셀 두 개를 하나로 합치게 된다.

② **ROWSPAN**: colspan이 가로 줄을 합친다면, rowspan은 세로를 합치는 기능이다. 예를 들어, rowspan='2'는 위 아래의 줄을 하나로 합치게 되며, 세 줄을 하나로 합치게 되면 rowspan='3'으로 하면 된다.

```
<TABLE border=1>
<TR>
  <TD width=100 height=100 COLSPAN=2> 1 </TD>
</TR>
<TR>
  <TD width=100 height=100> 3 </TD>
  <TD width=100 height=100 ROWSPAN=2> 4 </TD>
</TR>
<TR>
  <TD width=100 height=100> 5 </TD>
```

```
</TR>
</TABLE>
```

☞ 뉴비즈니스연구소(http://cafe.daum.net/isoho2jobs)의 [창업강의실+실습교육] 게시판에 있는 HTML 명령어들을 이용하여 스스로 공부하면 되며, 특히 81-82번의 <FIELDSET>을 활용한 사례를 활용하면 온라인 홍보 및 광고를 진행하는 데 많은 도움이 될 것이다.

☞ [YouTube 채널: 김영문_travel_and_sbiz]

유튜브(YouTube)에 등록되어 있는 제3장의 [제1절 HTML의 활용]에 관련된 동영상 강좌는 다음과 같은데, 문서편집기(EDITPLUS)를 활용하여 직접 실습해야 하다.

① HTML 문서편집기(EDITPLUS)

② HTML기초(태그, 문서의 구조)

③ HTML 입문 및 활용

④ HTML 명령어로 TABLE 만들기

제2절 포토샵(photoshop)의 활용

SNS를 활용하여 홍보, 광고 그리고 상품판매를 하기 위해서 포토샵에 대한 실무지식은 필수적이라고 할 수 있으며, 초보자들이 알아야 할 포토샵 실무지식을 예를 들어서 구체적으로 설명할 것이다(김영문 · 조현숙, 2016).

1. 포토샵의 화면 구성

SNS마케팅을 진행하기 위해서는 창업기업에서 판매하는 상품들을 포토샵 이미지로 만들어야 하는데, 이를 위해서는 포토샵의 기본적인 화면구성 및 도구박스에 있는 다양한 도구들에 대해 잘 이해하고 효과적으로 활용할 수 있어야 한다. 먼저, [그림 3-4]에서 보듯이 포토샵은 여러 부분으로 구성되어 있다.

① **메뉴바**: 포토샵을 이용하여 작업할 수 있는 모든 메뉴를 사용목적에 따라 구분하고 있으며, 각각의 메뉴를 클릭하면 관련

[그림 3-4] 포토샵의 화면 구성

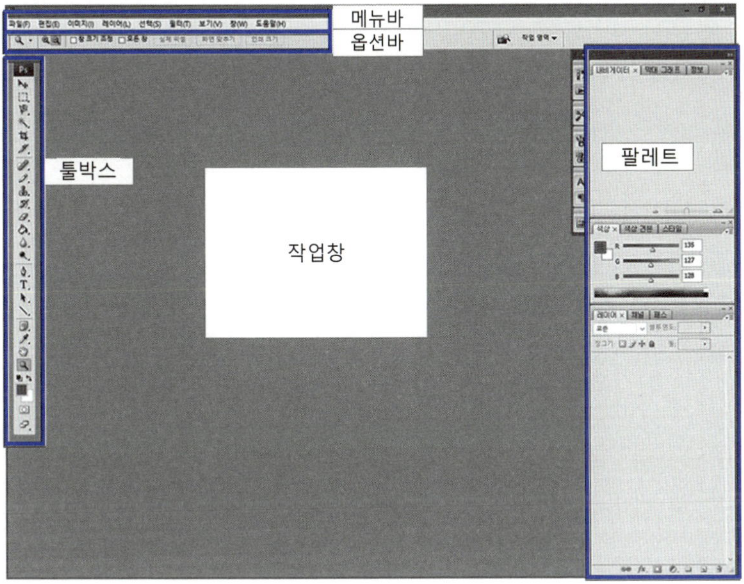

메뉴가 아래로 표시된다.

② **옵션바**: 선택한 툴(도구) 메뉴의 각종 옵션을 변경할 수 있는 곳이다.

③ **툴박스(도구상자)**: 이미지에 직접 작업을 할 수 있는 다양한 도구들을 모아둔 곳이다.

④ **작업창(이미지창)**: 작업하려는 사진이나 이미지를 표시하는 창이다.

⑤ **팔레트**: 이미지 수정 및 편집 작업에 도움을 주는 각종 기

능 및 옵션들을 쉽고 간단하게 사용할 수 있도록 독립된 창으로 구성해 놓은 것이다.

> ☞[참고] 포토샵 이미지를 만드는 작업 중에 팔레트를 다시 설정하고 싶다면, [창]–[작업 영역]–[팔레트 위치 다시 설정]을 클릭하면 된다([그림 3-5] 참고). 하지만, 포토샵의 버전에 따라 팔레트를 다시 설정하는 용어가 약간씩 다르게 표현될 수도 있다.

한편, 기본화면에 있는 툴박스(도구상자)에 대해서 구체적으로 살펴보면, 〈표 3-3〉과 같다. 〈표 3-3〉의 도구들 중에서 오른쪽 아래에 작은 검정색 삼각형이 있는 도구들은 모두 숨은 도구들이 있는데, 검정색 삼각형을 클릭하거나 마우스의 오른쪽 버튼을 누르면 확인할 수 있다. 포토샵을 효과적으로 활용하기 위해서는 도구박스에 있는 도구(툴)의 사용 방법을 정확하게 이해하고 활용하는 것이 중요하다.

[그림 3-5] 팔레트 위치를 다시 설정

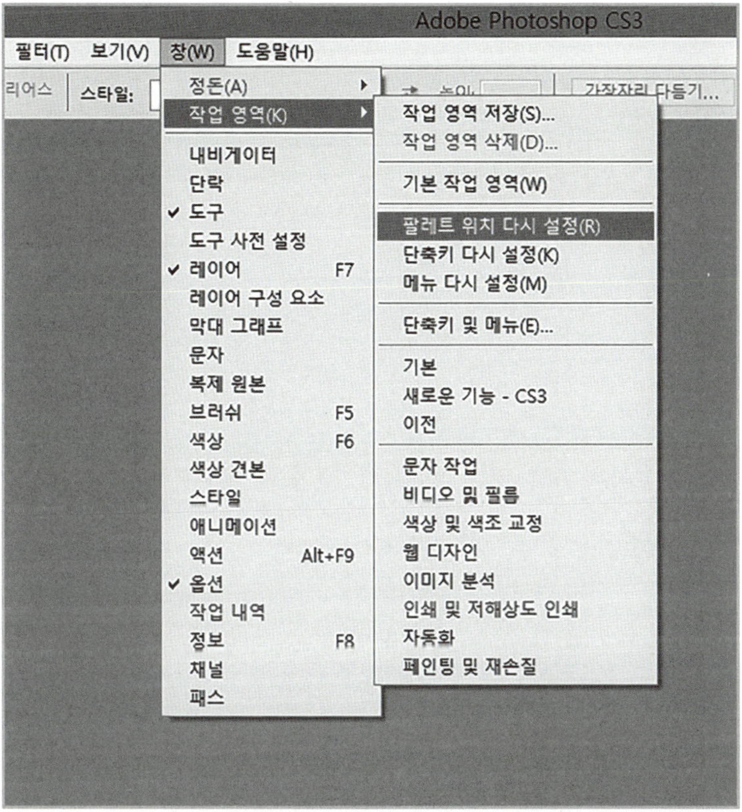

〈표 3-3〉 도구박스에 있는 다양한 도구

도구박스	명칭	설명
	이동 도구(V)	이미지를 원하는 위치로 이동할 수 있다.
	사각형 선택 윤곽 도구(M)	이미지의 특정 영역을 사각형 선택영역으로 만든다.
	다각형 올가미 도구(L)	이미지의 특정 영역을 다각형 선택영역으로 만든다.
	빠른 선택 도구(W)	색상의 범위를 계산하여 자동으로 선택영역을 만든다.
	자르기 도구(C)	이미지의 필요한 부분만 남기고, 나머지 부분을 잘라준다.
	스포이드 도구(I)	색상 값을 추출하여 전경색이나 배경색으로 지정한다.
	패치 도구(J)	이미지의 특정 영역을 다른 부분으로 보정할 수 있다.
	연필 도구(B)	연필로 그리듯이 얇은 선을 그리는 도구이다.
	복제 도장 도구(S)	특정 이미지를 복제하여 원하는 부분에 붙여 넣는다.
	작업 내역 브러시 도구(Y)	브러쉬를 이용하여 원본 이미지를 복구한다.
	지우개 도구(E)	이미지의 일부분을 지운다.
	페인트 통 도구(G)	특정 부분을 같은 색으로 채우기할 때 사용한다.
	흐림 효과 도구	이미지를 뿌옇게 하여 번지는 듯한 느낌을 준다.
	닷지 도구(O)	이미지를 밝게 해 준다.
	펜 도구(P)	세밀하게 원하는 영역을 지정할 때 사용한다.
	수평 문자 도구(T)	원하는 문자를 입력할 수 있다.
	패스 선택 도구(A)	패스를 이동하거나 변형할 수 있다.
	사각형 도구(U)	다양한 형태의 도형을 만들 수 있다.
	손 도구(H)	손바닥 툴을 이용하여 화면을 이동시킬 수 있다.
	돋보기 도구(Z)	화면의 특정 부분을 확대하거나 축소시킬 수 있다.
	전경색과 전경색 전환(X)	전경색과 배경색을 전환시킬 수 있다.
	전경색 설정	전경색을 설정할 수 있다.
	배경색 설정	배경색을 설정할 수 있다.
	빠른 마스크 모드로 편집(Q)	선택영역을 좀 더 편리하게 추출해 낼 수 있다.
	화면 모드 변경(F)	작업 창의 공간을 조절할 때 사용한다.

2. 포토샵으로 이미지 만들기

(1) 작업창 만들기

① 새로운 이미지를 만들기 위하여 [그림 3-6]과 같이 작업창을 만들어야 한다.

② 이를 위해서 먼저 포토샵을 실행하고, 메뉴 중에서 [File]-[New]를 클릭한다.

[그림 3-6] 작업창 만들기

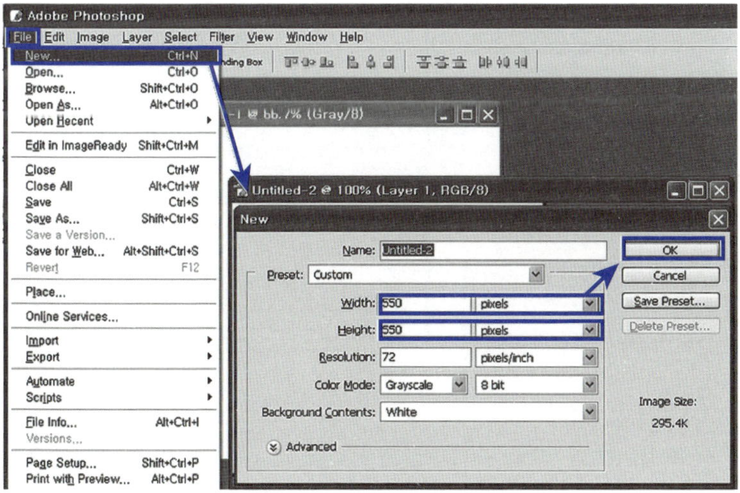

③ 대화상자에서 작업에 필요한 가로, 세로 크기를 입력한다. 이때 주의할 점은 반드시 픽셀(pixels)이라는 단위를 사용해야 한다는 것이다. 포토샵 이미지를 이루는 가장 작은 단위인 네모 모양의 작은 점들을 '픽셀(pixel)'이라고 하는데, 픽셀은 그림(picture)의 원소(element)라는 의미로 만들어진 합성어이다. 우리말로는 '화소(畵素)'라고 번역한다(네이버 지식사전, terms.naver.com).

(2) 이미지 불러오기

① [그림 3-7]과 같이 작업에 필요한 이미지(혹은 직접 촬영한 사진)를 불러온다.

[그림 3-7] 이미지 불러오기

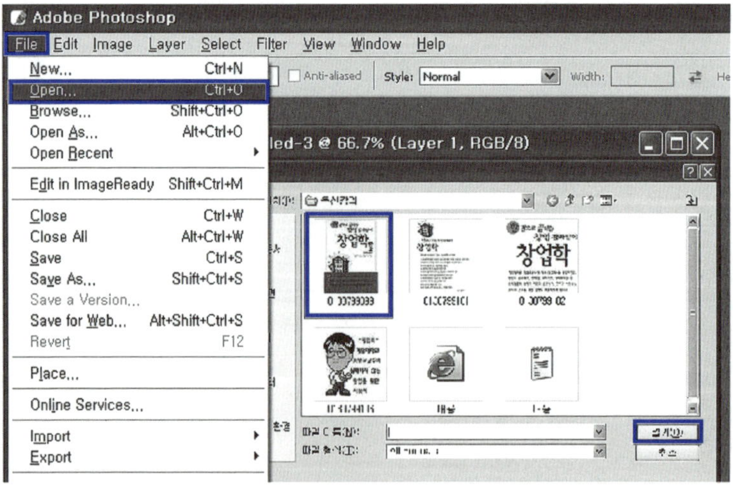

② 메뉴 중 [File]−[Open]을 클릭하여 이미지 파일을 찾아 열기를 클릭한다.

(3) 작업창에 이미지 붙이기

① [그림 3-7]에서 이미지를 불러온 원본 창을 선택한 후에 레이어 창에서 배경레이어를 선택한 상태에서 [그림 3-6]에서 새로 만든 이미지 창(작업창)으로 레이어를 드래그 앤 드롭(drag-and-drop, 마우스를 이용하여 끌어가서 이동시키는 것)한다([그림 3-8]을 참조). 이때에 불러온 이미지의 레이어가 잠겨 있는 경우에는, 먼저 [이미지]−[모드]에서 [RGB 색상]을 선택(혹은 해당 레이어를 더블클릭해도 됨)하여 잠긴 상태를 해제한 후에 레이어를

[그림 3-8] 작업창에 이미지 붙이기

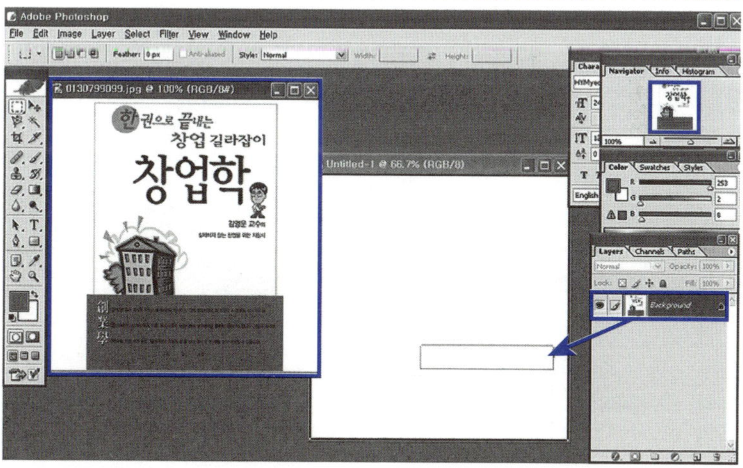

드래그 앤 드롭(drag-and-drop)하면 된다.

② 혹은 복사를 원하는 부분을 선택한 후에 Ctrl+C 키를 눌러서 복사하기를 하고, 새로 만든 이미지 창(작업창)을 선택하고 Ctrl+V 키를 눌러서 붙이기를 해도 된다.

(4) 이미지 크기 조절하기

① 적용된 이미지 크기를 조절하기 위하여 메뉴 중 [Edit]-[Free Transform]을 선택한다([그림 3-9]를 참조).

② 단축키를 이용하려면 Ctrl+T를 누르면 된다.

③ 이미지에 조절점이 있는 사각형이 생긴다.

[그림 3-9] 이미지 크기 조절하기

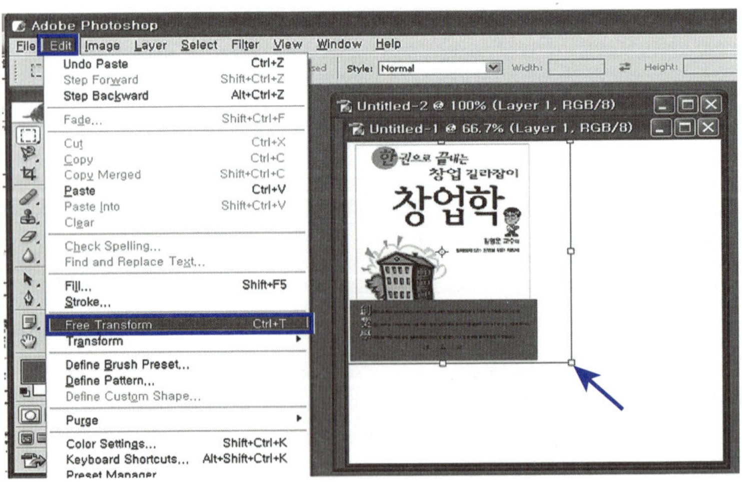

④ 조절점을 이용하여 이미지를 적당한 크기로 조정한다.

⑤ Shift를 누르고 마우스로 이미지의 크기를 조정하면, 가로-세로 비율이 일정하게 조정된다.

(5) 이미지 위치 이동하기

이미지의 크기 조정이 완료되면, 툴바의 이동도구( )를 클릭하고 이미지를 선택한 후에 원하는 곳으로 이동시킨다([그림 3-10]을 참조).

[그림 3-10] 이미지 위치 이동하기

(6) 이미지 저장하기

포토샵 작업이 완료된 이미지를 저장하면 되는데, 이미지를 저장할 때에는 3가지 방법이 있다([그림 3-11]을 참조).

① [File]–[Save]: 원본 파일을 저장할 때에 사용하며, 레이어가 그대로 보존된 PSD 파일로 저장되기 때문에 나중에 수정하여 사용할 수 있다. 포토샵 이미지 중에서 반드시 보관해야 하는 파일이라고 할 수 있다.

② [File]–[Save As...]: JPG, GIF 등 다양한 형태로 저장할 때에 사용하는데, 레이어가 배경으로 합쳐지기 때문에 저장한 후에는 레이어별로 수정할 수가 없다.

[그림 3-11] 이미지 저장하기

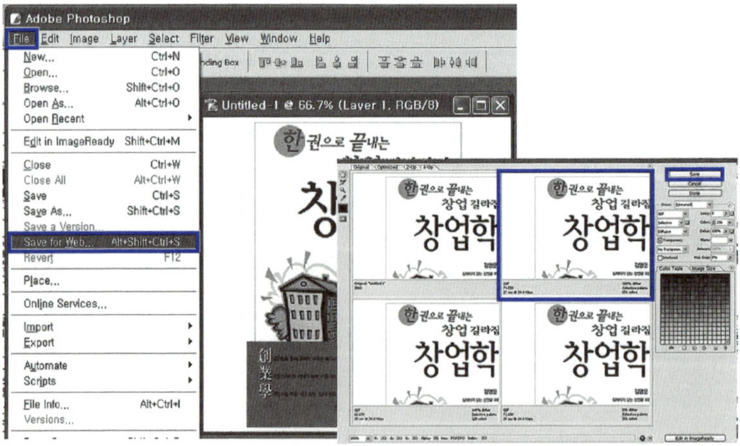

③ [File]－[Save for Web...]: 용량이 다른 4가지 형태의 이미지를 보여주는데, 이 중에서 하나를 선택하여 저장할 때에 사용한다. 일부 웹사이트에서는 이미지의 용량을 제한하는 경우가 있는데, 이러한 웹사이트에 포토샵 이미지를 등록할 때에 사용하게 된다.

☞ [참고] 포토샵 이미지를 만들 때에 반드시 기억해야 할 것은 바로 PSD 파일로 저장되는 원본 파일을 반드시 보관해야 한다는 것이다. 왜냐하면 추후 처음 만든 포토샵 이미지를 수정하여 사용해야 하는 경우가 발생할 수 있기 때문이다. 즉, JPG, GIF 등의 형태로 저장한 파일은 수정할 수가 없기 때문에 PSD 파일은 별도로 보관하고 있어야 한다.

(7) 텍스트 추가하기

포토샵으로 만든 이미지에 텍스트로 설명을 추가할 수 있도록 하는 것이 상품의 홍보와 판매에도 도움이 될 것이다. 텍스트를 적용하기 위해서는 아래의 방법으로 하면 된다.

① [그림 3-12]와 같이 툴바의 텍스트 도구(T)를 클릭한다.

② 텍스트를 입력할 위치에서 마우스를 클릭한다.

③ 커서가 나타나면 추가하고 싶은 텍스트를 입력한다.

④ 색상 또는 글꼴, 크기를 변경할 필요가 있으면 글자를 드래그(drag)하여 블록상태로 만든 후 색상, 글꼴, 크기를 변경하면 된다.

[그림 3-12] 텍스트 추가하기

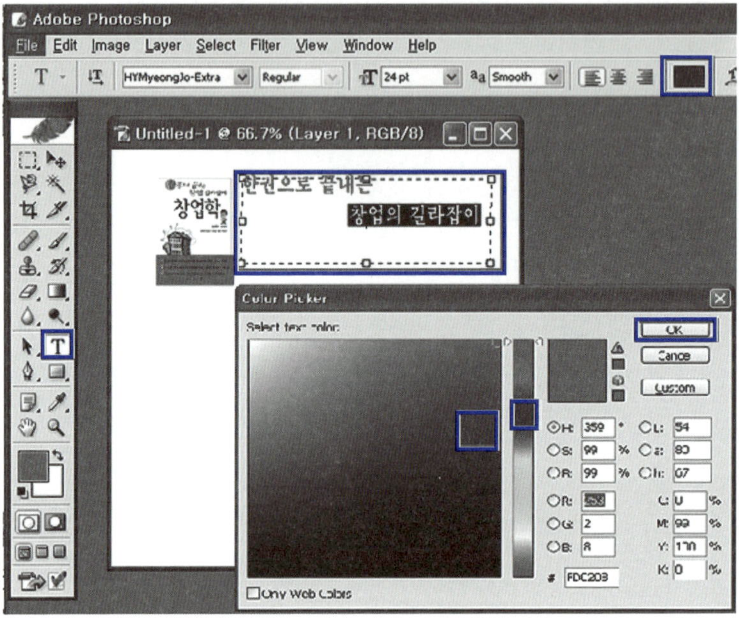

(8) 텍스트에 효과주기

텍스트에 효과를 주는 것은 글자의 모양을 보기 좋게 꾸미는 과정이라고 할 수 있는데, 레이어 옵션 바의 밑 부분에 있는 레이어 스타일(fx)을 이용하게 된다.

① 작업할 텍스트 레이어를 선택한 후에 해당 레이어의 빈 여백 부분(추가된 텍스트 옆에 있는 빈 여백 부분)을 더블클릭한다([그림 3-13]을 참조).

[그림 3-13] 텍스트에 효과주기

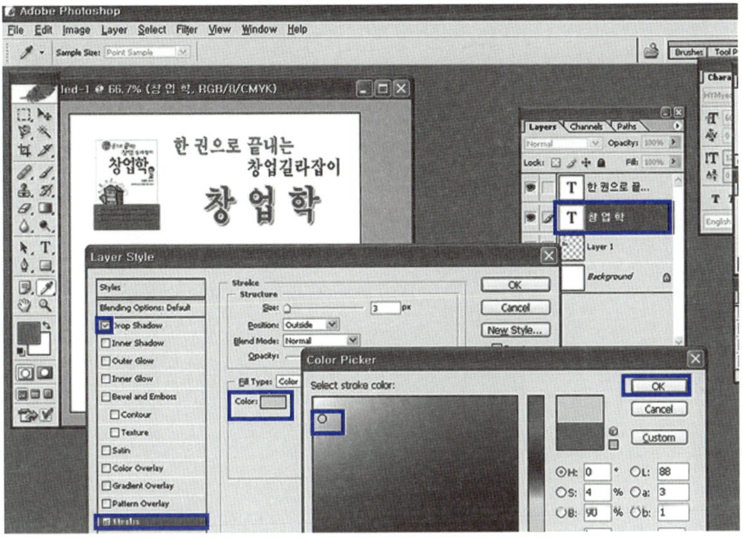

② 새로 나타난 레이어스타일(Layer Style) 창에서 Drop Shadow(그림자 효과)를 선택하여 텍스트에 그림자를 만들고, 그림자 때문에 글자가 보이지 않으면 제일 아래 Stroke(선)를 선택하고 테두리 색상을 설정한다.

③ Drop Shadow(그림자 효과)와 Stroke(선)만 잘 이용하여도 보다 효과적인 텍스트 이미지를 만들 수 있다.

④ 레이어스타일(Layer Style) 창에서 여러 옵션들을 활용하여 텍스트에 다양한 효과를 줄 수 있다.

(9) 텍스트 적용하기

① [그림 3-14]와 같이 상품에 대한 설명을 표시하기 위하여 툴바의 텍스트 도구(T)를 클릭한 후에 입력하고 싶은 내용을 입력한다.

② 내용 입력을 완료하고, 수정할 필요가 있으면 수정할 텍스트 레이어를 선택한다.

③ 툴바에서 텍스트 아이콘을 선택하여 이미지 위를 클릭하여 텍스트를 수정모드로 바꾼다.

④ 수정할 내용의 텍스트를 블록으로 설정한 후에 옵션바의

[그림 3-14] 텍스트 적용하기

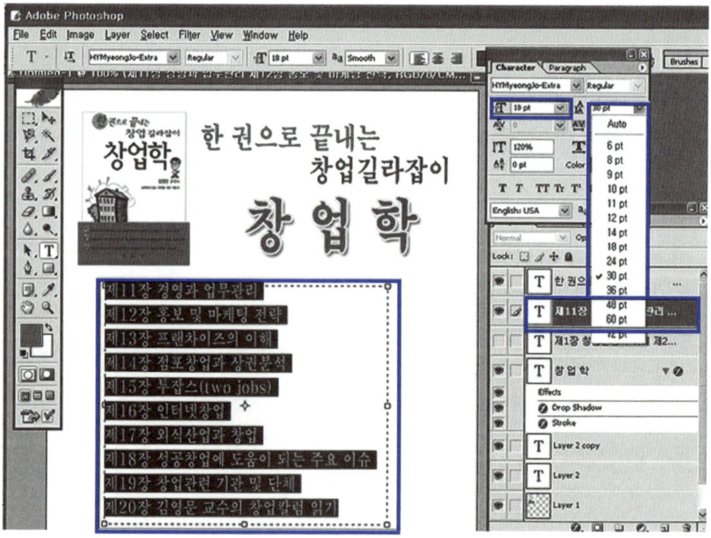

끝 쪽에 있는 문자 및 단락 팔레트( )를 이용하여 글자크기, 줄 간격 등을 보기 좋게 수정하면 된다.

(10) 이미지 조정하기

이미지 조정은 디지털카메라로 촬영한 상품사진의 색상을 조정하는 것인데, [그림 3-15]에서와 같이 [이미지]-[조정] 하위 메뉴에서 다양한 명령을 선택하여 할 수 있다. 특히 곡선(V), 색상 균형(B)만 제대로 활용해도 밝으면서도 깔끔한 이미지를 만들 수 있다.

[그림 3-15] 이미지 조정하기

3. 포토샵 이미지를 효과적으로 만드는 방법

포토샵을 활용하여 상품 이미지를 효과적으로 만드는 방법은 다양한데, 특히 아래의 기능들을 잘 활용하는 것이 중요하다.

① 포토샵 도구상자에 있는 각 도구들을 효과적으로 활용한다.

② 레이어(layer)의 개념에 대해 잘 이해해야 한다.

③ [이미지]－[조정] 메뉴를 효과적으로 사용해야 한다.

④ 레이어 스타일(Layer Style)을 잘 활용해야 한다.

⑤ [문자 및 단락 팔레트]를 효과적으로 사용하는 것이 필요하다.

⑥ 햇빛 아래에서 사진을 촬영하면, 포토샵 작업은 쉽고 간단하게 끝날 수 있다.

위에서 포토샵 이미지를 잘 만드는 방법에 대해서 설명을 하였지만, 그중에서 가장 중요한 것은 사진 촬영을 잘 해야 한다는 것이다. 이를 위해서는 햇빛 아래에서 촬영하는 것이 가장 좋으며, 형광등 아래에서 촬영을 하는 것은 바람직하지 않다. 최대한 선명하게 촬영하는 것이 포토샵 작업을 최소화하는 데 분명 도움이 될 수 있다.

☞ [무료 포토샵 이미지를 제공하는 사이트] 포토샵을 활용하여 상품 이미지를 만들 때에 상품이미지 전체를 본인이 직접 만들 수도 있

지만, 본인이 촬영한 사진 외에 무료 포토샵 이미지를 부분적으로 활용해야 하는 경우가 있다.

① 셔터스톡(www.shutterstock.com)

② 픽사베이(www.pixabay.com)

③ 프리큐레이션(www.freeqration.com)

☞ [YouTube 채널: 김영문_travel_and_sbiz]

유튜브(YouTube)에 등록되어 있는 제3장의 [제2절 포토샵(photoshop)의 활용]에 관련된 동영상 강좌는 다음과 같은데, 포토샵을 활용하여 다양한 이미지를 직접 만들어 보는 것이 필요하다.

① 포토샵 이미지 만들기

② 포토샵 이미지 만들기(2)

③ 포토샵 이미지 편집(이미지조정)

④ 이미지 일부분만 흑백 사진으로 만들기

⑤ 복제도장도구로 이미지 복제하기

제3절 이미지 호스팅 사이트의 활용

SNS를 활용하여 인터넷창업을 할 때에는 먼저 판매하고자 하는 다양한 상품들의 포토샵 이미지들을 만들어야 한다. 또한 포토샵으로 만들어진 이미지들은 인터넷사이트에 바로 등록하여 활용될 수도 있지만, 이미지 호스팅(image hosting)의 기능을 제공하는 서버(server, 컴퓨터 네트워크에서 다른 컴퓨터에 서비스를 제공하기 위한 컴퓨터)에 등록한 후에 〈img src="이미지 주소"〉 명령어로 불러와서 SNS에서 보여주게 되는 경우도 자주 발생하게 된다. 이에 따라 이미지 호스팅 사이트의 활용 방법에 대해 알아두는 것이 필요하다.

(1) 포토샵 이미지의 제작 및 활용

뉴비즈니스연구소(cafe.daum.net/isoho2jobs)에 보면, 카페 메인에 여러 개의 이미지를 보여주고 있다. 이를 위해서는 먼저 포토샵을 활용하여 이미지들을 만들어야 하며, 만든 이미지들을 이미지 호스팅(image hosting) 사이트에 등록한 후에 〈img src="이미지 주소"〉 명령어를 활용하여 이미지를 불러와서 보여주게 된다. 이에 대해 조금 더 구체적으로 설명하면 아래와 같다.

① 포토샵(photoshop)으로 이미지를 만든다.

② 포토샵으로 만든 이미지를 이미지 호스팅 사이트에 등록해야 한다. 다음(Daum) 혹은 네이버(Naver) 등과 같은 포털사이트에서 이미지 혹은 호스팅 사이트를 검색하면 쉽게 찾을 수 있는데, 아래의 사이트들은 이미지 호스팅 사이트와 같은 목적으로 사용할 수 있다.

ⓐ ImgBB(imgbb.com)

ⓑ Imgur(imgur.com)

ⓒ 스쿨호스팅(www.phps.kr, 월 400원)

ⓓ postimage(postimage.org)

ⓔ 드롭박스(www.dropbox.com)

ⓕ 미리내닷컴(www.mireene.com)

ⓖ 허브웹(www.hubweb.net)

ⓗ storemypic(www.storemypic.com)

ⓘ Zpat(www.zpat.info)

ⓙ 닷홈(www.dothome.co.kr)

ⓚ 코리아호스팅(www.koreahosting.co.kr)

☞ [무료 이미지 호스팅] 무료 이미지 호스팅의 기능을 제공하고 있는 사이트 중에는 일정 기간이 경과한 이후 사용료를 요구하고 있는 사례가 있다. 이것에 대해서는 회원가입을 할 때에 꼼꼼하게 확인을 하는 것이 필요하다.

[그림 3-16] 이미지 호스팅 사이트에서 파일경로 확인하기

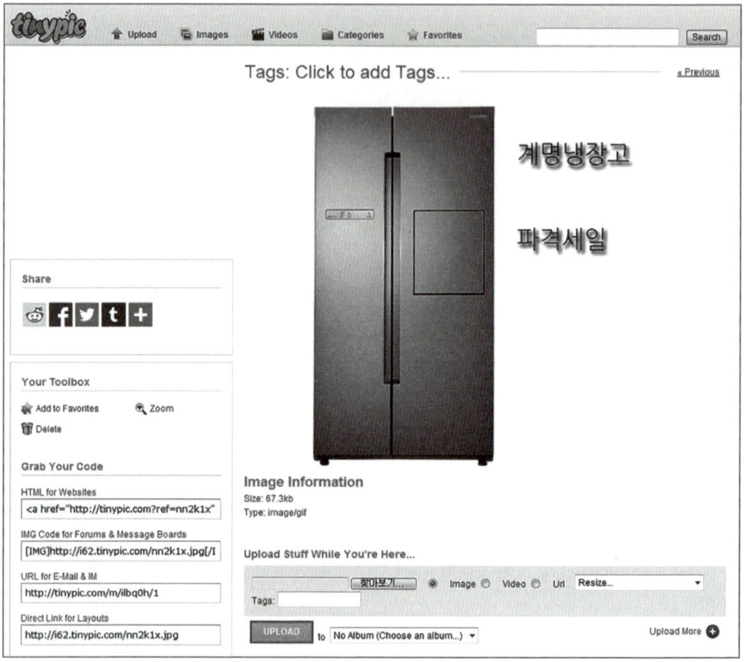

③ 호스팅 사이트에 이미지를 등록하면, 자동적으로 보여주는 파일경로(주소)를 복사하여 사용하면 된다. 예를 들어 [그림 3-16]에서와 같이 tinypic(tinypic.com)에 이미지를 등록하면 4가지의 파일경로(주소)를 확인할 수 있으며, 〈img src=“이미지 주소”〉 명령어를 이용하여 상품을 판매하고자 하는 SNS에서 보여주게 된다.

ⓐ HTML for Websites

ⓑ IMG Code for Forums & Message Boards

ⓒ URL for E-Mail & IM

ⓓ Direct Link for Layouts

☞ [HTML 명령어] 〈img src="이미지 주소" width="너비(가로길이) "height="높이"〉

이미지 호스팅 사이트에 등록되어 있는 이미지의 크기를 강제로 조정한 후에 상품을 판매하고자 하는 SNS에서 보여줄 때에는 width 및 height를 사용하면 된다. 그렇지 않는 경우에는 그냥 〈img src="이미지 주소"〉만 사용하면 된다. 즉, 이미지 호스팅(image hosting) 사이트에 등록되어 있는 포토샵 이미지를 원본 크기 혹은 조정된 크기의 이미지로 보여줄 수 있는데, 이미지의 크기를 조정한 후에 보여줄 때에는 width 및 height의 길이를 비례하여 조정하지 않으면 이미지가 흐려지거나 깨질 수 있다.

예를 들어, 원본 이미지의 크기가 width=1000 height=500일 때에 width=500으로 하였다면 height=250으로 비례하여 조정해야 한다는 것을 의미한다. 혹시라도 height=250 대신에 height=300으로 조정하게 되면, 이미지의 밝기 혹은 선명도에 문제가 생길 수 있다.

(2) 이미지 호스팅 사이트의 효과적인 이용

인터넷쇼핑몰, 옥션, G마켓, 카페와 블로그 등을 활용한 인터넷창업자들이 반드시 알아야 하는 것이 바로 이미지 호스팅 사이트의 활용방법이라고 할 수 있다. 예를 들어, 옥션의 상세정보(상품정보)에서 나타나는 이미지들은 옥션에 직접 등록되는 것이 아니라 외부의 이미지 호스팅 사이트에 이미지를 등록한 후에 HTML 명령어(〈img src=“이미지 주소”〉)를 이용하여 불러와서 옥션의 상세정보(상품정보) 페이지에서 그냥 보여주는 것이다.

이미지 호스팅 사이트에는 무료 혹은 유료로 사용할 수 있는 사이트들이 매우 많은데, 유료 사이트의 경우에는 월 1~3만원의 비용만 부담하면 된다. 포털 사이트에서 이미지 호스팅, 상품 이미지, 호스팅 등의 키워드로 검색하면 다양한 이미지 호스팅 사이트들을 쉽게 찾을 수 있다.

☞ [포토샵 원본 이미지의 보관] 창업자들의 경우에는 위에서 언급한 이미지 호스팅 사이트에 등록된 이미지들을 외장형 하드 혹은 다음(Daum)과 네이버(Naver) 카페(cafe)의 게시판 등을 활용하여 별도로 저장해 두는 것도 잊지 말아야 한다. 아울러, 포토샵으로 상품이미지를 만든 후에는 원본 파일(*.psd)을 반드시 보관하고 있어야 필요할 때에 수정하여 사용할 수 있다는 것도 생각해야 한다.

☞ [YouTube 채널: 김영문_travel_and_sbiz]

유튜브(YouTube)에 등록되어 있는 제3장의 [제3절 이미지 호스팅 사이트의 활용]에 관련된 동영상 강좌는 다음과 같은데, 먼저 이미지 호스팅 사이트로 활용할 수 있는 다양한 웹사이트를 찾아 보는 것이 필요하다.

① 포토샵 이미지를 이미지 호스팅 사이트에 등록 및 활용하기

② HTML, 포토샵 및 이미지 호스팅 사이트의 종합 활용

제4절 SNS에서의 다양한 결제 기능

최근 SNS를 활용한 상품판매가 활성화되면서 SNS에서 사용할 수 있는 다양한 결제 기능이 개발 및 등장하고 있다. SNS를 활용하여 인터넷창업을 하기 위해서는 어떤 종류의 결제 기능을 사용할 것인가를 결정해야 한다. 하지만, 아직은 SNS에서 결제하는 것에 대한 신뢰가 부족한 상황에서 SNS에서의 직접 결제뿐만 아니라 SNS와 연동한 신뢰할 수 있는 오픈마켓에서의 결제도 생각해 볼 필요가 있다. 이를 위해 옥션, G마켓, 이베이(ebay) 등과 같은 오픈마켓에서도 샵(shop)을 운영하는 것이 필요할 것이다.

1. 유니크로의 거래프로세스

SNS에서 상품을 등록하고 판매하기 위해서는 블로그, 카페 등 SNS마켓에 결제서비스를 제공하고 있는 유니크로(www.unicro.co.kr)의 거래프로세스를 활용하면 되는데([그림 3-17]를 참조), 유니크로에서는 블로그(웹 혹은 모바일)에서 고객들이 구매한 상품

[그림 3-17] 유니크로의 거래프로세스

에 대해 신용카드, 실시간계좌이체 및 무통장 입금으로 결제를 할 수 있는 [주문링크]를 제공하고 있다.

SNS를 활용하여 인터넷창업을 할 때에 유니크로(www.unicro.co.kr)의 거래프로세스를 활용하여 결제서비스를 제공하는 과정은 다음과 같은데, 블로그(blog)에서 상품등록 및 결제서비스의 사례를 활용하여 설명할 것이다.

① 유니크로(www.unicro.co.kr)에 회원가입을 한 후에 [판매자]-[상품관리]-[일반상품등록]을 클릭하여 상품을 등록한다.

② HTML 명령어를 사용할 수 있는 블로그(blog)에 판매하고자 하는 상품이미지를 등록한 후에 [저장]한다.

③ 유니크로의 [상품관리]-[상품목록]에서 블로그(blog)에 등록한 상품의 [주문링크 복사]를 클릭한 후에 Ctrl+C를 눌러 클립보드로 복사한다.

④ 블로그에서 상품이미지를 저장한 글에서 [수정]을 클릭한 후에 HTML 명령어를 입력할 수 있도록 [HTML]을 체크한 후에 아래와 같은 형식의 HTML 명령어를 입력하고 [수정]하면 된다.

한편, 따옴표 안에는 복사한 [주문링크]를 붙여 넣으면 된다.

```
<center>
 <a href="https://www.unicro.co.kr/190720095460" target=win1>
 <font color=blue size=5><b>[구매하기]</b></font>
 </a>
</center>
```

⑤ [그림 3-18]에서 보듯이 상품이미지 아래에 있는 [구매하기]를 클릭하면, [그림 3-19]과 같이 블로그에 등록되어 있는 상품을 구매할 수 있는 [주문링크]가 실행된다. 여기에서 상품을 구매하기를 원하는 고객들은 [구매하기]를 클릭하여 결제를 하고 상품을 구매하면 된다.

☞ [SNS에서 유니크로 거래프로세스의 활용] HTML 명령어를 직접 입력할 수 있는 페이스북, 밴드 등의 SNS에서는 상품이미지를 등록한 후에 상품이미지 아래에 다음과 같이 추가하면 된다. [예] 상품구매하기(https://www.unicro.co.kr/190720095460)

[그림 3-18] 블로그(blog)에서 유니크로를 활용한 상품판매

[그림 3-19] 구매하기

Notice
유니크로에 등록된 판매물품과 물품의 내용은 유니크로가 아닌 개별 판매자가 등록한 것으로서,
유니크로는 중개 시스템만 제공하며 그 등록내용에 대하여 일체의 책임을 지지 않습니다.
신발/쥬얼리/잡화 > 남성화
나이키신발
가격 200,000원
판매수량 1개
결제방법
배송방법 택배배송
택배비 부담 판매자부담
주문수량 1 개
판매자정보 >
아이디 : newbiz2001
이메일 : soho@kmu.ac.kr
연락처 : 구매하신 분에게만 연락처가 공개됩니다.
안전거래서비스로
구매하기
나이키신발 상세정보

2. 마이소호를 활용한 결제 플랫폼

전자상거래 통합솔루션 메이크샵(makeshop)을 운영하는 코리아센터에서도 모바일 SNS 전용 마이소호(www.mysoho.com) 원스톱 스타트 패키지를 론칭했다(뉴시스, 2019.9.10). 마이소호는 페이스북, 인스타그램, 카카오스토리, 카페, 블로그 등의 SNS 채널을 통해 보다 쉽게 상품을 판매할 수 있도록 특화된 SNS전용 모바일 쇼핑몰 플랫폼이라고 할 수 있는데([그림 3-20] 참조), 모든 SNS 채널에 상품 주문 및 결제를 위한 링크기능을 제공한다. 즉, 판매자는 마이소호를 통해 주문서를 생성하고, 구매자에게 주문서를 전달해 빠르고 간편하게 결제를 진행할 수 있다. 고객들은 SNS를 통해 접한 제품을 사기 위해 쇼핑몰을 방문해 회원가입이나 기타 절차 없이 주문과 결제가 가능하다.

한편, 마이소호의 주요 특징을 살펴보면 다음과 같다(디지털타임즈, 2017.6.1). 첫째, 메이크샵은 SNS에서 상품을 판매하는 이들이 모든 상품에 주문 및 결제 링크를 걸 수 있도록 솔루션을 개발했는데, 이 솔루션을 활용하면 마이소호 관리자는 페이스북, 인스타그램, 카카오스토리 등 SNS에서 이뤄진 주문, 배송 처리를 한 번에 관리할 수 있다.

둘째, 솔루션 이용료, 카드결제시스템 가입비는 따로 받지 않으며, 상품의 등록 및 판매 가능한 상품 개수도 무제한이다. 아울러, 스마트폰으로 관리하는 판매자 앱(app)도 별도로 제공한다.

셋째, 신용카드, 실시간계좌이체, 가상계좌, 에스크로, 간편결제, 무통장 입금 등 다양한 결제수단을 적용할 수 있으며, 주문자와 판매자에게 주문 및 배송 상태를 알리는 SMS(short message service, 문자메시지), 메일, 앱 푸시 알림 서비스도 이용 가능하다.

[그림 3-20] 마이소호를 활용한 모바일 쇼핑몰 플랫폼

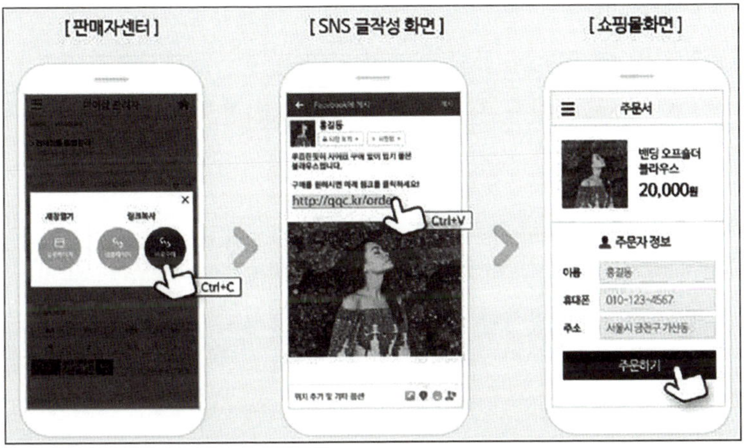

3. 페이몰을 활용한 간편결제

페이몰(www.pay-mall.co.kr)에서 제공하고 있는 블로그 결제 서비스는 따로 쇼핑몰이 없어도 주문 결제 링크로 결제할 수 있는 서비스이며, 블로그나 인스타그램, 카카오스토리, 페이스북 등 다양한 SNS에서 상품 판매가 가능하다. 또한 가맹점에게는 결제하기 버튼을 제공하고 상품의 옵션 등록 · 결제 · 배송내역 등을 확인할 수 있도록 지원하고 있다(이튜뉴스, 2019.5.26).

한편, 블로그 결제 서비스는 SNS에서 사용할 주문 링크를 생성해야 하는데, 주문 링크는 페이몰 홈페이지에서 신청할 수 있다. 주문 링크를 생성하기 위해서 먼저 배송비 설정 후 상품을 등록하고 상품정보 및 제품 사진을 등록하며, 모든 등록이 끝나면 주문 링크를 생성할 수 있다. 또한 생성된 주문 링크는 복사하여 사용하면 된다.

4. 기타 간편 결제 서비스

최근 다양한 SNS를 활용한 상품판매를 비롯한 인터넷창업에 대한 관심이 크게 증가하고 있는 상황에서, 다양한 간편 결제 서비스들이 개발 및 출시되고 있는 실정이다. 이에 따라 먼저 어떤 간편 결제 서비스들이 있는가를 조사한 후에 본인에게 가장 적합한 결제 서비스를 채택하여 활용하는 것이 필요할 것이며, 아울러 고객의 입장에서도 신뢰할 수 있는 결제 서비스인가를 확인하는 것이 필요하다.

☞ [YouTube 채널: 김영문_travel_and_sbiz]

유튜브(YouTube)에 등록되어 있는 제3장의 [제4절 결제 기능의 활용]에 관련된 동영상 강좌는 다음과 같다.

① 블로그에서의 상품판매 및 결제

제5절 SNS를 활용한 인터넷창업의 계획

1. SNS를 활용한 인터넷창업의 고려 사항

SNS를 활용한 인터넷창업을 계획할 때에 깊이 고민해야 할 사항들은 다음과 같다.

① 누구에게 어떤 상품을 판매할 것인가를 결정해야 한다. 여기에서 누구에게는 목료로 하는 고객 혹은 목표 시장(target market)을 말하며, 어떤 상품은 판매할 상품의 종류를 의미한다. 이것은 SNS를 활용한 인터넷창업을 계획할 때에 가장 중요하다고 할 수 있다.

② SNS를 활용하여 상품을 판매할 때에 신뢰의 문제가 발생할 수 있는데, 고객이 믿고 상품을 구매할 수 있는 보증보험 가입 등의 방안을 마련해야 할 것이다. 예를 들어, 서울보증보험(www.sgic.co.kr)에서 판매하고 있는 쇼핑몰보증보험은 가입된 인터넷쇼핑몰에서 상품을 구매한 후에 해당 상품을 배송받지 못하거나 반품사유에 해당함에도 불구하고 상품대금을 반환받지 못하는

경우에 고객이 입은 피해에 대해 보상해 주고 있다.

③ 제2장의 [SNS의 종류 및 상업적 활용]에서 설명을 하였듯이 어떤 종류의 SNS를 활용하여 인터넷창업을 할 것인가를 결정해야 하는데, 얼마나 많은 사람들이 사용하고 있는가 하는 것이 SNS 선정의 기준이 될 수 있다. 또한 상품을 등록하고 판매를 할 때에 관리의 편리성도 고려할 필요가 있다.

④ SNS를 선정한 후에는 HTML 명령어 혹은 포토샵 이미지를 활용하여 SNS간에 상호 연계 혹은 연동될 수 있도록 하는 것이 접속자의 수를 늘리면서 매출의 증가를 위해 필요할 것이다. 예를 들어, Daum 카페(cafe.daum.net)를 포함하여 3개의 다른 SNS를 함께 활용하여 상품을 판매하는 인터넷창업을 시작한다고 생각하면, Daum 카페를 중심으로 다른 3개의 SNS와 HTML 명령어를 활용하여 연동시키는 것이 중요할 것이다. 여기에서 Daum 카페는 메인 혹은 대표 사이트의 역할을 수행하게 되는데, 키워드 광고를 비롯하여 다양한 홍보 및 광고를 진행할 때에도 메인 혹은 대표 사이트를 중심으로 진행하는 것이 필요하다.

⑤ 상품을 등록하고 판매하고 있는 SNS에 대한 홍보 및 광고 계획을 수립하고 진행해야 하는데, SNS별로 차별화된 홍보 및 광고가 수행되어야 한다. 예를 들어, SNS에 대한 광고는 해당 SNS에서의 광고 상품을 활용할 수도 있으며, Daum 및 Naver에서의 다양한 광고 상품을 활용할 수 있다.

한편, 유통 신흥 강자로 각광 받고 있는 SNS 1인 마켓에서 살아남기 위해서는 어떤 상품을 판매하고 어떤 콘셉트(concept)로 판매할 것인지 깊이 고민할 필요가 있을 것이다. 또한 실제로 SNS 팔로어가 구매자로 전환되는 비중은 1%로 극히 낮기 때문에 꾸준한 고객 관리가 성공의 지름길이라고 할 수 있다(신동아, 2019년 5월호).

2. SNS간의 연동에 의한 인터넷창업

(1) SNS간의 연동을 위한 HTML 명령어의 활용

Daum 카페 및 3개의 다른 SNS에서 상품을 등록하여 판매하고 있다고 가정할 때에 HTML 명령어를 활용하여 SNS간에 연동시키는 것은 다음과 같이 진행할 수 있다.

① Daum 카페의 대문(메인)에 노출할 상품이미지들을 110*110 크기로 만들어서 상품이미지 호스팅 사이트에 모두 등록한다.

② HTML 명령어를 사용하여 한 줄에 3~5개의 상품이미지들을 불러온 후에 TABLE 명령어들을 활용하여 전자상거래 사이트의 형태로 만든다.

③ 상품의 이미지(혹은 상품 이름) 및 상품구매 페이지의 주소를 활용하여 아래와 같이 HTML 명령어로 만들면 된다. 예를 들어, 상품의 이미지를 클릭하여 Daum 카페 및 3개의 다른 SNS의 상품구매 페이지로 직접 링크(link)시키는 경우에는 아래의 형식으로 HTML 명령어를 만들면 된다.

```
<td>
  <a href="Daum 카페 및 3개의 다른 SNS의 상품구매 페이지의 주소
   (URL)">
  <img src="이미지 호스팅 사이트에 등록되어 있는 상품이미지의
   주소(URL)">
  </a>
</td>
```

④ 상품의 이름을 클릭하여 Daum 카페 및 3개의 다른 SNS의 상품구매 페이지로 링크(link)시키는 경우에는 아래의 형식으로 HTML 명령어를 만들어야 한다.

```
<td>
  <a href="Daum 카페 및 3개의 다른 SNS의 상품구매 페이지의 주소
   (URL)">
  <font size=3 color=blue>상품의 이름</font>
  </a>
</td>
```

Daum 카페 및 다른 SNS를 연동시키는 인터넷창업은 Daum 카페의 대문(메인)에서 상품이 등록되어 있는 Daum 카페의 [상품등록게시판] 및 다른 SNS의 상품구매 페이지로 바로 접속을 할 수 있도록 HTML 명령어를 사용하여 링크(link)를 제공하는 것이라고 생각하면 된다. 즉, 상품을 판매하고 있는 다양한 SNS

에 대한 링크(link)를 제공함으로써 구매자들이 상품구매를 원하는 SNS에서 상품을 구매할 수 있도록 지원하며, 이를 통하여 고객충성도를 높이는 동시에 매출을 증가시킬 수 있을 것이다. 여기에서 다양한 SNS에 대한 링크(link)를 제공하는 이유는 구매자들이 평소에 많이 사용하고 있는 SNS에서 상품을 구매할 수 있도록 하는 것이 구매자의 만족도를 높이는 동시에 지속적인 상품의 판매에도 유리하기 때문이다.

(2) SNS간의 연동을 위한 HTML 명령어 실무

인터넷창업자가 상품들을 다양한 SNS사이트에 등록하여 판매를 하고 있다면, [그림 3-21]과 같이 상품이미지 아래에 상품을 구매할 수 있는 SNS의 이름(혹은 SNS의 이미지)을 동시에 보여주는 것이 필요하다. 또한, 구매자들은 평소에 자주 이용하는 혹은 구매를 원하는 SNS의 이름(혹은 SNS의 이미지)을 클릭하여 상품

[그림 3-21] SNS간의 연동

상품1의 이미지	상품2의 이미지	상품3의 이미지	상품4의 이미지
① ② ③ ④	① ② ③ ④	① ② ③ ④	① ② ③ ④

을 구매하면 된다.

한편, [그림 3-21]에서 ①, ②, ③, ④는 상품을 구매할 수 있는 SNS의 이름(혹은 SNS의 이미지)라고 생각하면 되는데, 예를 들어 ①의 이름(혹은 SNS의 이미지)을 클릭하면 Daum 카페에 개설되어 있는 [상품등록게시판]의 상품구매 페이지, ②의 이름(혹은 SNS의 이미지)을 클릭하면 페이스북(facebook)의 상품구매 페이지, ③의 이름(혹은 SNS의 이미지)을 클릭하면 밴드(band)의 상품구매 페이지, 그리고 ④의 이름(혹은 SNS의 이미지)을 클릭하면 인스타그램(instagram)의 상품구매 페이지로 링크(link)가 되도록 HTML 명령어로 만들면 될 것이다. 이렇게 함으로써 판매자 혹은 구매자에게 줄 수 있는 효과는 다음과 같다.

첫째, 인터넷창업자는 다양한 SNS에 상품을 등록하고 효율적으로 관리할 수 있을 뿐만 아니라 판매하고 있는 상품들의 홍보효과를 높일 수 있다. 또한 상품의 판매망(sales network) 확대를 통해 매출 상승을 기대할 수 있다.

둘째, 인터넷창업자가 다양한 SNS에서 상품을 등록하고 판매하기 때문에 상품이 등록되어 있는 개별 SNS에 가입하는 회원증가의 효과를 기대할 수 있다. 이로 인해 창업기업의 홍보 및 상품판매의 네트워크가 지속적으로 확장되는 부가적인 성과를 기대할 수 있다.

셋째, 상품 구매자들의 경우에는 평소에 구매자가 주로 이용하는 SNS에서 상품을 구매할 수 있을 뿐만 아니라 구매자의 선택권이 확대되기 때문에 구매자들의 만족도를 높일 수 있다.

한편, [그림 3-21]에서 ①, ②, ③, ④를 Daum 카페, 페이스북(facebook), 밴드(band), 그리고 인스타그램(instagram)의 이름(혹은 SNS의 이미지)라고 가정하고 HTML 명령어로 구현하면 다음과 같은데, 본장에서 설명하고 있는 "HTML의 활용"을 활용하여 만들면 된다.

```
<table border=0>
<tr>
  <td>
    <img src="이미지 호스팅 사이트에 등록되어 있는 상품1의
     이미지 주소(URL)">
  </td>
  <td>
    <img src="이미지 호스팅 사이트에 등록되어 있는 상품2의
     이미지 주소(URL)">
  </td>
  <td>
    <img src="이미지 호스팅 사이트에 등록되어 있는 상품3의
     이미지 주소(URL)">
  </td>
  <td>
    <img src="이미지 호스팅 사이트에 등록되어 있는 상품4의
     이미지 주소(URL)">
  </td>
```

```
</tr>

<tr>
  <td>
  <a href="상품1의 Daum 카페 상품구매 페이지 주소(URL)">
    <img src="Daum 카페(혹은 Daum 카페 이미지)의 주소(URL)"></a> |
  <a href="상품1의 페이스북 상품구매 페이지 주소(URL)">
    <img src="페이스북(혹은 페이스북 이미지)의 주소(URL)"></a> |
  <a href="상품1의 밴드 상품구매 페이지 주소(URL)">
    <img src="밴드(혹은 밴드 이미지)의 주소(URL)"></a> |
  <a href="상품1의 인스타그램 상품구매 페이지 주소(URL)">
    <img src="인스타그램(혹은 인스타그램 이미지)의 주소(URL)"></a>
  </td>

  <td>
  <a href="상품2의 Daum 카페 상품구매 페이지 주소(URL)">
    <img src="Daum 카페(혹은 Daum 카페 이미지)의 주소(URL)"></a> |
  <a href="상품2의 페이스북 상품구매 페이지 주소(URL)">
    <img src="페이스북(혹은 페이스북 이미지)의 주소(URL)"></a> |
  <a href="상품2의 밴드 상품구매 페이지 주소(URL)">
    <img src="밴드(혹은 밴드 이미지)의 주소(URL)"></a> |
  <a href="상품2의 인스타그램 상품구매 페이지 주소(URL)">
    <img src="인스타그램(혹은 인스타그램 이미지)의 주소(URL)"></a>
  </td>
```

```
  <td>
  <a href="상품3의 Daum 카페 상품구매 페이지 주소(URL)">
    <img src="Daum 카페(혹은 Daum 카페 이미지)의 주소(URL)"></a> |
  <a href="상품3의 페이스북 상품구매 페이지 주소(URL)">
    <img src="페이스북(혹은 페이스북 이미지)의 주소(URL)"></a> |
  <a href="상품3의 밴드 상품구매 페이지 주소(URL)">
    <img src="밴드(혹은 밴드 이미지)의 주소(URL)"></a> |
  <a href="상품3의 인스타그램 상품구매 페이지 주소(URL)">
    <img src="인스타그램(혹은 인스타그램 이미지)의 주소(URL)"></a>
  </td>

  <td>
  <a href="상품4의 Daum 카페 상품구매 페이지 주소(URL)">
    <img src="Daum 카페(혹은 Daum 카페 이미지)의 주소(URL)"></a> |
  <a href="상품4의 페이스북 상품구매 페이지 주소(URL)">
    <img src="페이스북(혹은 페이스북 이미지)의 주소(URL)"></a> |
  <a href="상품4의 밴드 상품구매 페이지 주소(URL)">
    <img src="밴드(혹은 밴드 이미지)의 주소(URL)"></a> |
  <a href="상품4의 인스타그램 상품구매 페이지 주소(URL)">
    <img src="인스타그램(혹은 인스타그램 이미지)의 주소(URL)"></a>
  </td>
</tr>
</table>
```

☞ [시작페이지의 변경에 따른 SNS간의 연동] 위에서는 Daum 카페를 메인사이트(main site)로 하여 Daum 카페의 대문(메인)에서 SNS간의

연동에 의한 인터넷창업을 할 수 있는 HTML 명령어의 활용에 대하여 설명을 하였는데, 네이버 카페(cafe.naver.com), 윅스(www.wix.com), 에이블 블로그(www.ablenews.co.kr/Blog) 등을 메인사이트(main site)로 활용하는 것도 얼마든지 가능하다. 즉, SNS간의 연동에 의한 인터넷창업의 핵심은 메인사이트(main site)에서 HTML 명령어를 사용하여 상품을 등록하여 판매할 수 있는 SNS간의 연계 혹은 연동을 통해 상품 판매망(sales network)의 확대와 더불어 지속적인 매출 증대라고 할 수 있다.

☞ [YouTube 채널: 김영문_travel_and_sbiz]

유튜브(YouTube)에 등록되어 있는 제3장의 [제5절 SNS를 활용한 인터넷창업의 계획]에 관련된 동영상 강좌는 다음과 같다. 비록 동영상의 내용이 정확하게 일치하지는 않지만, 동영상 강좌를 통해 SNS간의 연동에 의한 인터넷창업에 관한 실무지식을 충분히 습득할 수 있을 것이다.

① 상품구매 사이트의 선택이 가능한 전자상거래 사이트의 개발

제 4 장

카페(cafe)를 활용한 인터넷창업

현재 카페(cafe)를 만들 수 있는 포털사이트는 다음(Daum)과 네이버(Naver)가 있는데, SNS를 활용한 인터넷창업이라는 관점에서 볼 때에 다음(Daum)과 네이버(Naver)에서 함께 카페(cafe)를 개설하여 함께 운영하는 것이 바람직하다. 본장에서는 먼저 다음(Daum)에서의 카페(cafe) 만들기를 중심으로 설명을 할 것인데, 네이버(Naver)에서의 카페(cafe) 만들기도 거의 동일한 방법으로 만들 수 있다. 또한, 카페(cafe)에서 [상품등록게시판]을 활용한 상품의 등록 및 판매 방법에 대해서는 네이버(Naver) 카페(cafe)를 활용하여 자세하게 설명할 것이며, 다음(Daum) 카페(cafe)에서도 거의 동일한 방법으로 만들 수 있다.

제1절 Daum 카페를 만들기

1. Daum에서 카페 만들기

다음(Daum)의 카페 메뉴에서 [카페 만들기]를 클릭하여, 아래의 항목들에 대해 필요한 정보들을 입력하거나 일부 항목들에 대해서는 별도의 입력이 없이 그냥 선택을 하면 된다.

① **카페이름**: 한글, 영문, 숫자, 기호를 사용하여 입력하면 된다. 예를 들어, 뉴비즈니스연구소 카페(cafe.daum.net/isoho2jobs)의 이름은 아래와 같다.

뉴비즈니스연구소▶창업길라잡이+사랑나눔회+창업아이템+자금

카페의 이름은 한글 외에 기호(▶)를 사용할 수도 있는데, 기호 뒤에는 카페에서 제공하는 정보의 종류 혹은 카페의 특성을 나타낼 수 있는 단어들을 나열할 수도 있다. 그렇게 함으로써 카페의 목표 및 차별적인 성격을 분명하게 나타낼 수 있는데, 뉴비즈니스연구소 카페는 무점포 창업, 재택창업, 1인 창업, 그리고 소호창업을 지원하는 정보제공 및 창업교육, 행사 등의 활동을 하고 있다는 의미로 해석할 수 있다. 또한, 카페이름은 6개월마다 변경이 가능하며, 네이버(Naver) 카페는 3개월마다 이름을 변경할 수 있다.

카페의 이름을 변경할 수 있다는 것은 카페의 특성 혹은 활용 목적이 변경된다는 것을 의미한다. 처음 카페를 만들 때에는 창업분야의 일을 생각하였지만, 나중에 관광을 목적으로 하는 카페 이름으로 변경하여 활용할 수도 있다는 것을 의미한다.

② **주소**: 주소는 영어 소문자를 사용하는 것이 좋으며, 영어단어들을 조합하여 사용하는 것이 필요하다. 즉, 카페의 주소를 보면서 그 카페의 특징을 알 수 있도록 하는 것이 좋다. 예를 들어, 뉴비즈니스연구소 카페의 주소로 사용되는 isoho2jobs는 "나(i)

는 소호(soho)와 투잡스(2jobs)를 한다"라는 의미를 영어로 조합하여 만든 것이다.

③ **공개 여부**: 반드시 공개로 설정해야 한다.

④ **카테고리**: 카페의 종류를 선택할 수 있는데, 별로 중요하지는 않다. 즉, 아무것이나 선택해도 된다.

⑤ **카페 검색어**: 네티즌들이 특정 검색어를 사용하여 검색을 했을 때에 카페가 검색될 수 있도록 하는 것이 필요한데, 공백문자 등 특수문자는 사용할 수 없다. 특히 검색어 뒤에 공백문자가 있으면, [카페 만들기]의 클릭이 되지 않기 때문에 주의해야 한다. 혹시라도 공백문자가 있으면 삭제키(Delete 키)를 사용하여 반드시 삭제를 해야 한다.

⑥ **소개 글**: 무엇을 하는 카페인지 혹은 어떤 정보를 제공하는 카페인지를 알려주기 위해 사용한다. 다른 사람이 운영하는 카페를 가입하는 경우에는 소개 글을 읽는 경우가 많기 때문에 정확하게 작성하는 것이 필요하다.

⑦ **카페 스킨**: 원하는 스킨을 선택할 수 있으나, 반드시 선택할 필요가 없다. 카페 스킨은 나중에 [홈 꾸미기]에서 선택할 수도 있으며, 굳이 선택하지 않아도 상관은 없다.

⑧ **보안문자**: 보안문자를 입력한다.

⑨ [카페 만들기]를 클릭하면, 기본적인 카페가 만들어진다.

⑩ [내 카페 바로가기]를 클릭하면, [그림 4-1]에서와 같이 처음 만든 카페를 볼 수 있다. 즉, [그림 4-1]의 카페는 가장 기본

[그림 4-1] 처음 만든 카페의 모습

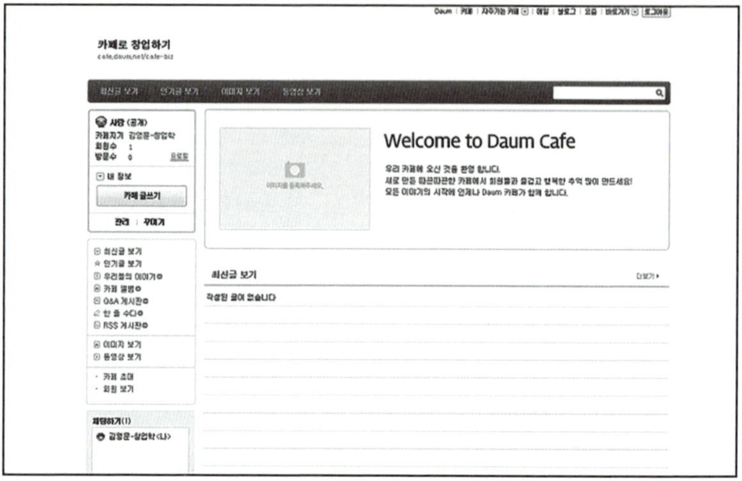

적인 형태이며, 여기에서 [카페 글쓰기] 아래에 있는 [관리] 혹은 [꾸미기]를 클릭한 후에 여러 가지의 메뉴 혹은 기능들을 활용하여 창업자가 원하는 형태의 카페를 만들면 된다.

한편, 뉴비즈니스연구소 카페(cafe.daum.net/isoho2jobs)의 [강의실(HTML/포토샵/카페/옥션&이베이&G마켓)] 게시판 3~6번 글을 보면 카페(cafe)를 만드는 방법에 대한 강좌가 있다. 천천히 따라하면 카페를 쉽게 만들 수 있는데, 카페 시스템의 개편으로 인해 일부 기능은 약간 다를 수 있다. 하지만, 대부분의 기능들은 동일하기 때문에 처음 카페를 만들고 꾸미는 데 유용하게 사용할 수 있으며, 네이버(Naver) 카페를 만들 때에도 활용할 수 있다.

2. 홈 꾸미기

홈 꾸미기는 [관리]를 클릭한 후에 [홈 꾸미기]를 클릭하면 된다. 혹은 [꾸미기]를 클릭하면, 바로 [홈 꾸미기]의 상태가 된다. [홈 꾸미기]에는 스킨, 레이아웃, 영역별 꾸미기의 3가지 메뉴가 있으며, 개별 설정을 끝낸 후에는 반드시 [적용]을 클릭해야 한다.

(1) 스킨

스킨에는 스킨과 배경의 두 가지 메뉴가 있는데, 카페를 잘 만들기 위해서 특별히 중요하지는 않다. 따라서 카페를 처음 만들 때에는 굳이 사용하지 않아도 되는 기능이다.

① **스킨**: 여러 가지의 스킨 중에서 하나를 선택할 수도 있으며, 아무 것도 선택하지 않아도 상관이 없다. 다만, 스킨들을 선택한 후에 카페의 모습을 확인해 볼 수는 있다.

② **배경**: [디자인]을 체크한 후에 [적용]–[확인]을 클릭하면 된다. 하지만, 배경에서 색상이나 직접 올리기는 잘 사용되지 않는다.

(2) 레이아웃

레이아웃은 카페의 형태(혹은 모양)를 설정할 때에 사용하게 되는데, 카페의 활용목적에 따라 다양한 형태로 만들 수 있다.

① **단 구성**: [그림 4-2]에서와 같이 3단B형을 클릭하면, 오른편 화면에서 카페의 구성 형태를 볼 수 있다. 저자가 2005년부터 다음(Daum)과 네이버(Naver)에서 카페를 운영하고 있는데, 3단B형이 가장 좋다고 판단된다. 또한 단 구성을 선택한 후에는 오른편 화면에서 메뉴들을 마우스로 드래그해서 원하는 위치에 놓으면 되는데, 필요하지 않는 경우에는 삭제버튼(×)을 클릭하여 삭제해도 된다. 어느 메뉴들을 어느 곳으로 이동시킬 것인가에 대해서는 다른 카페들을 벤치마킹하는 것이 필요하다.

② **홈 게시판**: 카페 홈에 게시판을 추가할 때에 사용하며, 6개의 레이아웃 중에서 선택을 한 후에 클릭을 하면 된다. 홈 게시판을 사용할 때에는 사전에 [관리]－[메뉴관리]에서 사용하고자 하는 게시판을 먼저 추가하는 것이 필요하며, 추가한 레이아웃에 있는 [설정] 버튼을 클릭하여 카페 홈에서 사용하고자 하는 게시판을 선택하면 된다.

③ **콘텐츠**: 다양한 콘텐츠들은 마우스로 체크를 하면 카페에서 사용할 수 있는데, [자주가는 링크]는 [설정]을 클릭한 후에 사이트명과 URL주소를 입력한 후에 [확인] 버튼을 클릭하여 웹사이트를 추가하면 된다. [자주가는 링크]에서는 카페지기가 자주 접속하는 웹사이트들을 모두 등록해 두면 편리하게 활용할 수 있다.

[그림 4-2] 단 구성

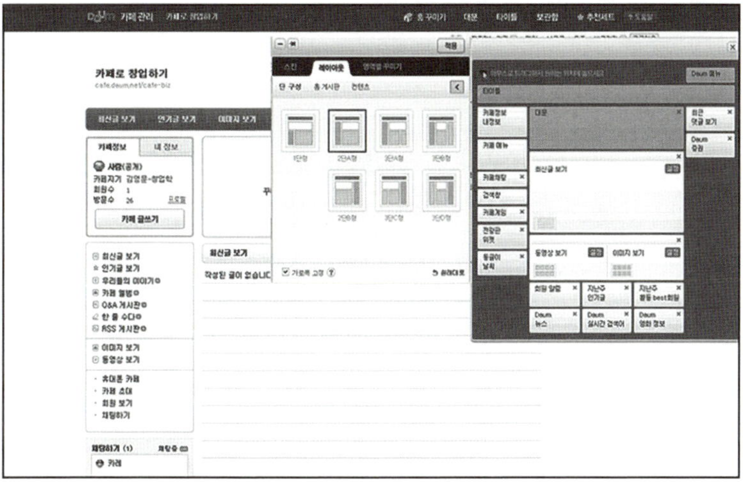

(3) 영역별 꾸미기

카페정보, 카페메뉴, 검색장, 게시판, 부가 콘텐츠에 대해 디자인, 색상 등을 꾸밀 수 있는 기능이며, 모두 사용할 필요는 없으며 카페정보와 카페메뉴만 꾸며도 충분하다. 예를 들어, 카페정보에서 원하는 디자인을 선택한 후에 기본색, 강조색 및 탭 이름을 수정하면 된다.

3. 카페의 대문 꾸미기

대문은 크게 직접 꾸미기, 웹진형, 사진형, 메모형, 동영상형의 5가지로 구분할 수 있다. 카페를 처음 운영하는 경우에는 웹진형을 사용하면 되는데, 장기적으로 볼 때에는 직접 꾸미기를 사용하는 것이 좋다.

(1) 직접 꾸미기

직접 꾸미기는 HTML을 활용하여 카페 대문을 꾸미는 것인데, 이에 따라 HTML 명령어를 잘 사용할 수 있어야 한다. 뉴비즈니스연구소 카페(cafe.daum.net/isoho2jobs)의 대문이 HTML 명령어를 활용하여 만든 대표적인 사례라고 수 있는데, 직접 꾸미기의 장점은 아래와 같다.

① [상품등록게시판]과 HTML을 활용하여 카페를 인터넷쇼핑몰 혹은 전자상거래 사이트로 만들 수 있다.

② 카페의 주요 수익활동 및 창업자가 집중적으로 홍보하고 싶은 다양한 내용들을 HTML 명령어들을 활용하여 카페 메인에 공지할 수 있다.

③ 창업자와 제휴하고 있는 다양한 웹사이트를 홍보하여 카페 회원 및 비회원들이 직접 접속할 수 있도록 할 수 있다. 예를 들

어, 카페에 접속하는 회원들이 카페지기가 운영하는 인터넷쇼핑몰 혹은 옥션에 등록되어 있는 특정 상품의 주문페이지로 바로 접속할 수 있도록 할 수 있다는 것이다.

한편, 직접 꾸미기로 대문을 만드는 방법은 아래와 같다.

① [꾸미기]－[대문]을 클릭한다.

② [웹진형]을 클릭한 후에 [직접꾸미기]를 선택한다.

③ [직접꾸미기] 화면에서 오른편의 HTML을 체크한다.

④ 사각형의 박스 안에 HTML 명령어들을 입력하고, [적용]을 클릭한다.

⑤ [확인]을 클릭한 후에 [카페홈 가기]를 클릭하면 된다. [확인]을 클릭하는 화면에서는 '보관함에 저장'에 체크를 하는 것이 필요한데, 입력한 내용들은 [꾸미기]－[보관함]에 보관된다.

(2) 웹신형

카페(cafe)를 웹진형으로 만들기 위해서는 3가지의 정보가 필요하며, 작성 후 글자체, 글자색 등을 조정하면 된다. 조미정의 인견장터(cafe.daum.net/rayonmart)가 웹진형으로 만든 카페 사례이다.

① **이미지:** 포토샵으로 250*167 크기의 이미지를 만들어서 등록하면 되는데, 카페를 대표할 수 있는 포토샵 이미지를 제작하는 것이 중요하다.

② **제목**: 카페의 제목을 입력하면 된다.

③ **내용**: 카페의 성격 혹은 목표 등에 대해 상세하게 설명을 하면 된다.

(3) 기타 대문 꾸미기

그 외에도 대문을 꾸미는 방법으로는 사진형, 메모형, 동영상형이 있다. 사진형은 말 그대로 사진을 최대 20개까지 등록하여 대문을 꾸미는 것을 말한다. 메모형은 [한 줄 메모장]을 선택하여 대문을 꾸미는 방법이며, 동영상형은 동영상들을 선택하여 대문을 꾸미는 것을 말한다. 일반적으로, 메모형 혹은 동영상형은 잘 사용하지 않으며, 사진형은 카페에서 판매하는 상품들의 이미지를 등록하여 대문을 꾸미는 것이 효과적이다.

4. 타이틀 꾸미기

타이틀에는 템플릿, 배경, 카페이름, 카페주소, 타이틀 메뉴, 검색창, 카운터 등이 있는데, 배경과 타이틀 메뉴가 빈번하게 사용되고 있다([그림 4-3] 참조).

[그림 4-3] 타이틀 꾸미기

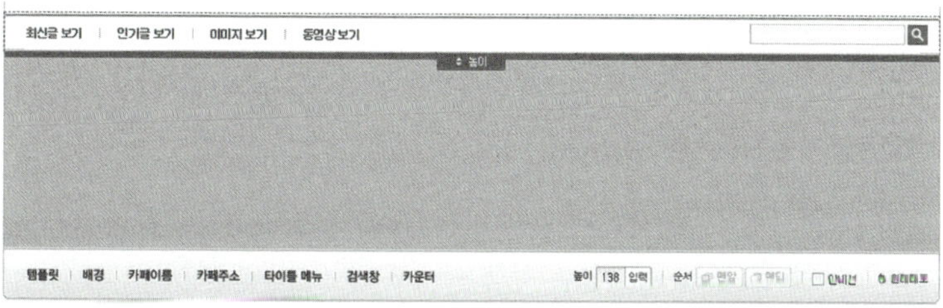

(1) 배경

뉴비즈니스연구소 카페(cafe.daum.net/isoho2jobs)와 같이 포토샵으로 배경을 만들어서 [배경]－[직접 올리기]를 하면 된다. 이미지의 가로의 길이는 971 픽셀로 해야 하며 세로의 길이는 임의대로 정할 수도 있지만, 일반적으로 106이 가장 이상적이다.

(2) 타이틀 메뉴

타이틀 메뉴는 기본적으로 최신글 보기, 인기글 보기, 이미지 보기, 동영상 보기의 4가지로 설정되어 있는데, 중요한 게시판 혹은 홍보하고 싶은 정보들이 등록되어 있는 게시판으로 변경할 수 있다. 또한 새로운 메뉴를 추가할 수도 있으며, 수시로 변경이 가능하다. 예를 들어, [그림 4-4]과 같이 [최신글 보기]에서 삭제 버튼(×)의 왼편에 있는 수정버튼을 클릭한 후에 [상세설정]에서 메뉴를 선택한 후에 메뉴명을 입력하면 된다.

① [메뉴]에서 게시판을 선택한다.

② [메뉴명]에서 표시하고자 하는 이름을 작성하면 되는데, 게

[그림 4-4] 타이틀 메뉴의 설정

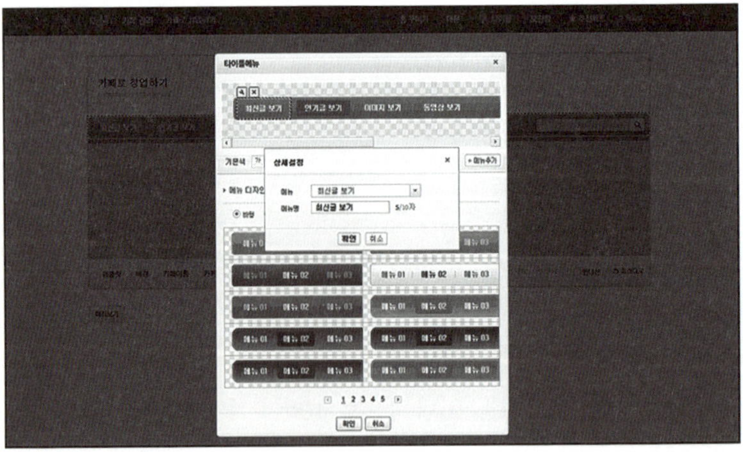

시판의 이름을 그대로 사용해도 된다.

(3) 기타 타이틀 메뉴

먼저, 템플릿은 이미 만들어 놓은 타이틀 중에서 선택하여 사용하는 것을 말하는데, 배경에서 언급한 것과 같이 포토샵으로 직접 만들어서 사용하는 것이 가장 좋다. 카페이름과 카페주소는 폰트, 글자크기, 폰트 색, 효과 등을 사용하여 꾸미는 것을 말한다. 또한 검색창의 모양을 꾸미거나 카운터를 새롭게 설정하는 기능도 제공하고 있다.

5. 카페의 메뉴 관리

카페(cafe)를 만들 때에 가장 중요한 것이라고 하면 그것은 메뉴 관리라고 할 수 있다. 즉, [그림 4-5]에서 보듯이 다양한 종류의 게시판 및 부가적인 메뉴들을 사용하여 카페(cafe)의 주요 메뉴를 만들고 운영하는 것이라고 할 수 있다. 메뉴 관리에서 중요하게 고려해야 하는 것들은 아래와 같다.

[그림 4-5] 메뉴 관리

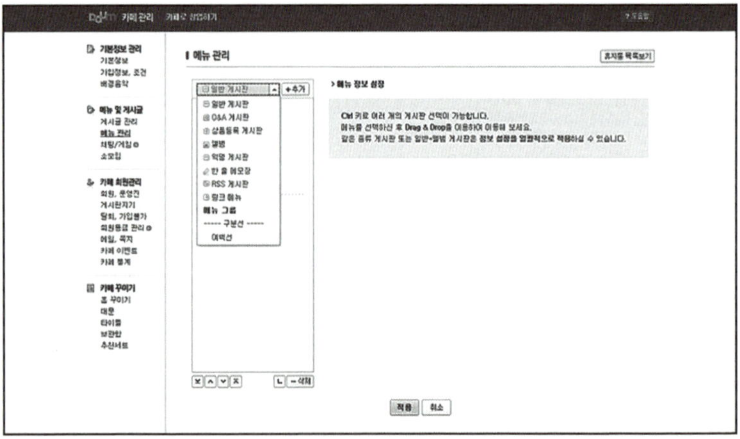

(1) 게시판 및 주요 메뉴의 종류

카페에서 사용할 수 있는 게시판 및 주요 메뉴는 총 8가지가 있으며, 카페의 운영목적에 따라 여러 형태로 활용할 수 있다.

① **일반 게시판**: 쓰기, 댓글쓰기, 읽기의 3가지 권한을 설정할 수 있으며, 카페(cafe) 운영자 및 회원들이 글을 자유롭게 등록할 수 있는 게시판이다. 일반적으로 가장 많이 사용되는 게시판이며, 사용하고자 하는 게시판을 선택한 후에 [추가] 버튼을 누르면 된다.

② **상품등록 게시판**: 카페(cafe)에서 판매하고자 하는 상품을 등록하는 게시판이며, 상품은 안전거래 혹은 직거래로 판매할 수 있다. 상품등록 게시판으로 인해 다음(Daum) 혹은 네이버(Naver) 카페(cafe)에서는 인터넷쇼핑몰 혹은 전자상거래 사이트로 활용이 가능하게 되었다.

③ **앨범**: 카페(cafe)에서 진행하는 다양한 행사에 대한 사진을 올릴 수 있는 게시판이다.

④ **익명 게시판**: 누구 글을 등록하였는지를 공개하지 않을 때에, 그리고 글을 등록하는 사람의 이름을 감추고 싶을 때에 사용하는 게시판이다. 카페(cafe)에서 익명 게시판을 사용하는 것은 때로는 위험한데, 그것은 카페(cafe)의 성격과는 다른 글들이 무분별하게 등록되는 경우가 많기 때문이다.

⑤ **한 줄 메모장**: 말 그대로 한 줄의 글을 등록할 때에 사용하

는 게시판이며, 주로 정회원 등업요청, 인사 및 오늘 한마디 등을 위해 사용하면 편리하다.

⑥ **링크메뉴**: 마우스로 클릭을 하면 특정 웹사이트로 바로 링크를 시킬 수 있는 메뉴이며, 카페지기(카페를 개설한 사람 혹은 카페의 소유자) 및 카페운영자들만 볼 수 있도록 하려면 [메뉴 감추기]에서 [감추기]를 체크하면 된다. 링크메뉴는 레이아웃에서 설명한 [자주가는 링크]와 유사하게 사용될 수 있다.

⑦ **메뉴 그룹**: 카페(cafe)에서 여러 개의 게시판들을 대표하는 제목을 등록할 때에 사용하게 되며, 메뉴 그룹은 굵은 제목으로 표시된다. 예를 들어, 뉴비즈니스연구소 카페(cafe.daum.net/isoho2jobs)에서 살펴보면, 창업교육 공지 및 창업상담, 대구경북창업카페연합회, 김영문교수의 뉴비즈니스연구소, 동맹카페의 행사&교육 소식 등이 메뉴그룹이다.

⑧ **구분선**: 게시판과 게시판을 구분하는 점선으로 표시된다.

위에서 설명한 8가지의 메뉴는 [추가] 버튼을 클릭하여 사용할 수 있는데, 유사한 카페를 벤치마킹을 한 후에 어떤 메뉴를 추가하여 사용할 것인가를 결정하면 된다. 다만, 회원이 5,000명 미만인 경우에는 전체 게시판의 수가 15~20개를 초과하지 않도록 하는 것이 필요하다.

(2) 게시판의 추가 및 주요 메뉴를 사용할 때의 유의사항

① 쓰기, 댓글쓰기, 읽기의 3가지 권한을 효과적으로 사용해야

한다.

특정 게시판에 글을 쓸 수 있는 권한, 댓글쓰기를 할 수 있는 권한, 그리고 읽기를 할 수 있는 권한을 어느 등급의 회원들에게 허용할 것인가를 결정해야 한다. 카페(cafe)에 가입하지 않은 사람은 손님이며, 가입한 사람은 준회원이 된다. 그 외에 정회원, 우수회원, 특별회원, 게시판지기 등은 카페지기가 정한 규칙에 의해 카페지기 및 운영자들에 의해 등업이라는 절차를 통해 부여받게 되는 회원등급이다. 아울러, 각 게시판별로 쓰기, 댓글쓰기, 읽기의 3가지 권한을 설정할 때에는 다음과 같은 사항들을 고려해야 한다.

ⓐ 회원을 증가시키기 위해 게시판별로 쓰기, 댓글쓰기, 읽기의 권한 설정을 신중하게 해야 한다. 즉, 카페(cafe) 회원이 별로 없는 경우에 권한을 강화시키는 것은 바람직하지 않다는 것이며, 회원이 증가되면서 권한을 점차 강화시키는 것이 좋다는 것이다.

ⓑ 정회원 등업신청 게시판을 개설할 때에는 [한 줄 메모장]을 사용하되, 쓰기 권한을 반드시 준회원으로 해야 한다. 즉, 카페(cafe)에 가입한 준회원이 등업 신청이라는 절차를 통해서 정회원으로 등업이 되는 것이기 때문에, 정회원 등업 신청 게시판의 쓰기 권한은 반드시 준회원으로 설정해야 한다.

ⓒ 자유홍보게시판의 경우에는 쓰기 권한을 준회원으로 하는

것도 필요하다. 누구나 홍보 글을 등록할 수 있는 게시판이라면 굳이 정회원으로 등업을 한 후에 쓰기를 하도록 할 필요가 없다는 것이다. 또한 카페(cafe)를 활성화시키기 위해서는 회원들이 직접 많은 글을 등록하도록 하는 것이 필요하며, 카페지기가 [관리]-[게시글 관리]를 활용하여 글을 삭제하거나 다른 게시판으로 이동시키면 된다.

② 게시판을 추가하여 권한 설정을 한 후에 반드시 [적용]을 클릭해야 한다.

그 외에 각 게시판별로 [메뉴 정보 설정]에 있는 다른 기능들은 그대로 두는 것이 좋으며, 각 게시판의 이름, 소개, 권한에 대한 설정 등이 끝나면, [적용]을 클릭하면 된다. 다만, 쓰기, 댓글 쓰기, 읽기의 3가지 권한을 모두 카페지기로 설정을 한 후에 [메뉴 감추기]에서 [감추기]를 체크하는 경우에는 카페지기만 읽기를 할 수 있기 때문에, 그 게시판은 카페(cafe) 운영에 필요한 여러 가지의 비밀스러운 정보들을 등록할 수 있어 편리하게 이용할 수 있다. 카페지기만 사용할 수 있는 비밀게시판에는 다음과 같은 정보들을 보관할 수 있다.

ⓐ 다른 카페 혹은 기관과의 제휴와 수익배분에 대한 사항

ⓑ 중요한 연락처(전화번호, 메일주소 등)

ⓒ 주요 수익모델의 종류

ⓓ 향후 진행하고 싶은 수익사업

ⓔ 기타 미래의 카페 운영 및 발전 방향

③ 전체 게시판의 수는 15~20개로 시작하는 것이 좋다.

카페(cafe)를 개설한 후에 6개월 동안에는 가능하면 게시판을 적게 개설하는 것이 좋으며, 회원이 증가하면서 게시판의 수도 증가시키는 것이 필요하다. 그것은 초기에는 어떤 글을 등록해야 하는지에 대한 경험도 부족하고, 그러한 글들을 어디에서 가져올 수 있는지에 대한 지식도 부족하기 때문이다.

④ 회원의 등급관리는 신중하게 해야 한다.

먼저, 한 줄 메모장을 활용하여 회원에 대한 등급관리를 할 때에 회원이름을 클릭한 후에 [회원정보]를 선택하면, 아래의 항목에 대한 정보들을 볼 수 있다.

ⓐ 회원등급

ⓑ 카페가입일

ⓒ 최종방문일

ⓓ 메일수신

ⓔ 쪽지수신

ⓕ 성별/나이

ⓖ 블로그

위에서 가장 중요한 것은 메일수신과 쪽지수신인데, '받음'으로 되어 있는가를 확인해야 한다. 즉, 정회원으로 등급변경을 요청하면서 전체메일과 전체쪽지는 '받지 않음'으로 되어 있다면, 정회원으로 등급을 변경하지 않는 것이 좋다. 카페의 모든 정보를 무료로 이용하면서 전체메일과 전체쪽지는 받지 않겠다는 것은 바람직하지 않기 때문이다.

한편, 카페에 가입된 회원은 준회원인데, 해당 회원의 등급을 변경하려면 회원의 이름을 클릭한 후에 [회원정보]에서 정회원, 우수회원, 특별회원 중에서 선택을 한 후에 [변경]을 클릭하면 된다. 또한 카페의 규칙에 어긋나는 글을 등록하거나 문제를 일으키는 회원에 대해서는 [활동중지] 혹은 [강제탈퇴]의 조치를 할 수도 있는데, [강제탈퇴]를 시키면 카페 회원의 수가 감소된다는 것을 고려해야 한다. 문제가 있는 회원에 대해서는 일정 기간 동안에 [활동중지]를 시키는 것이 카페 회원 수의 유지를 위해서도 바람직하다는 것이다.

6. 카페관리의 메뉴

(1) 기본정보

기본정보에는 기본정보, 운영회칙/히스토리, 양도/폐쇄의 3가지가 있는데, 가장 중요한 것은 기본정보에 있는 카페 이름의 변경이라고 할 수 있다. 다음(Daum) 카페에서는 6개월마다 카페 이름을 변경할 수 있는데, 처음 카페를 만들었을 때의 목적 혹은 성격과는 상관없이 카페 이름을 변경하여 다른 목적으로 충분히 활용할 수 있다.

예를 들어, 창업카페를 10년 이상 운영을 하였더라도 여행카페로 이름을 변경하여 사용해도 전혀 문제가 되지 않는다는 것이다. 물론 일부 회원들의 탈퇴는 가능하겠지만, 카페 메뉴의 변경 및 새로운 정보들을 지속적으로 제공하면 생각보다 탈퇴회원의 수는 많지 않다는 것이다.

(2) 회원 및 운영진

전체 회원들을 볼 수 있는 메뉴이며, 회원 등급별로도 볼 수가 있다. 또한 일반적으로 회원이름을 클릭한 후에 회원들에 대한 등급은 특별회원까지만 변경할 수 있지만, 회원 및 운영진에서는 정회원, 우수회원, 특별회원, 운영자까지 등급을 변경할 수 있는 장점이 있다.

(3) 게시판지기

카페지기가 카페(cafe)에 대한 모든 권한을 갖고 있는 사람이라면, 게시판지기는 특정 게시판에 대한 모든 권한을 갖고 있는 사람이다. 즉, 게시판지기는 특정 게시판을 활용하여 다양한 수익창출 활동을 할 수 있는데, 그러기 위해서는 카페지기가 특정 게시판에 대하여 특정 회원을 게시판지기로 선정해야 한다.

① [관리] – [게시판지기]를 클릭하고 게시판을 선택한 후에 [선정] 버튼을 클릭한다.

② 회원을 검색하거나 직접 입력을 하여 회원을 선택한 후에 [확인] 버튼을 클릭한다.

③ 게시판지기를 선정한 게시판의 상단에 보면 게시판지기의 이름이 나타난다.

(4) 메일 및 쪽지

메일이나 쪽지를 보낼 수 있는데, 카페(cafe)에서 진행하는 다양한 활동에 대해 홍보할 수 있다. 전체회원 혹은 회원등급별로 메일이나 쪽지를 보낼 수 있으며, 텍스트 혹은 HTML 형식으로 보낼 수도 있다. 카페(cafe) 회원이 많은 경우에는 휴대폰으로 전송된 인증번호를 입력한 후에 메일이나 쪽지를 보낼 수 있도록 되어 있다.

카페에서 회원들에게 메일 및 쪽지를 보낼 때에는 일주일에 한 번 정도를 전송하는 것이 좋다. 너무 자주 보내게 되면 탈퇴하는 회원들이 많아지기 때문이다. 또한 메일의 제목을 잘 정하는 것도 필요하다.

(5) 카페 통계

카페 통계는 기본정보, 카페 유입, 활동 BEST 회원에 대한 정보를 제공하고 있는데, 카페가 어떻게 발전하고 있는가를 한눈에 알 수 있다. 카페지기는 카페 통계를 정기적으로 살펴보면서 카페를 활성화시킬 수 있는 다양한 활동들을 진행하는 것이 필요하다. 카페 통계는 카페의 메인에서 [카페정보]－[프로필]－[랭킹정보]에서도 부분적으로 볼 수 있다. 특히 경쟁관계에 있는 다른 카페의 [프로필]을 살펴보는 것도 필요하다.

(6) 기타

앞에서 설명한 것들 외에도 가입정보 및 조건, 배경음악, 채팅/게임, 소모임, 탈퇴 및 가입불가, 회원등급 관리, 카페 이벤트 등이 있는데 필요에 따라 활용하는 것도 필요하다. 예를 들어, 카페(cafe) 내에 다양한 소모임을 운영하는 경우에는 [소모임]을 활용하여 소모임에 대한 승인을 해 주면 된다.

7. 카페를 만들고 운영할 때의 고려 사항

Daum에서 카페를 만들고 운영할 때에 고려해야 하는 사항들은 다음과 같은데, 카페를 단순히 커뮤니티(community)로만 운영하는 것이 아니라 상품판매를 위한 SNS로서 활용한다는 측면에서 생각해야 한다.

① [카페이름]은 카페의 특성을 나타낼 수 있는 단어들을 나열하여 최대한 길게 하는 것이 좋은데, 카페이름에 포함되어 있는 단어가 카페검색에서 키워드로 활용될 때에 카페 접속 및 가입자가 증가하는 데 긍정적인 영향을 미치게 된다.

② 카페의 [레이아웃] 설정을 잘 하는 것이 좋은데, 기왕이면 전문적인 카페로서의 이미지를 나타낼 수 있도록 설정하는 것이 필요하다. 특히 레이아웃은 처음 카페를 방문하는 네티즌에게 카페의 얼굴과 같은 역할을 하게 된다.

③ 카페의 대문 꾸미기는 [직접 꾸미기]를 선택한 후에 HTML을 활용하여 카페 대문을 꾸미는 것이 필요하며, 카페 대문에서 링크시키고 싶은 인터넷창업자의 모든 SNS를 연동시킬 수 있다.

④ 카페의 메뉴 관리에서 각 메뉴별로 쓰기, 댓글쓰기, 읽기의 권한 설정을 잘 해야 하는데, 메뉴의 권한 설정은 바로 전체 카페의 활성화에 많은 영향을 미치게 된다.

⑤ 카페를 만들고 운영할 때에 가장 중요한 것은 타겟 고객(target customer)이 누구인가를 분명하게 설정해야 하는 것인데, 그에 따라 카페이름, 홈 꾸미기, 카페의 대문 꾸미기, 타이틀 꾸미기, 카페의 메뉴 관리 등이 차별적으로 활용되어야 할 것이다.

제2절 네이버 카페에서 [상품등록게시판]을 활용한 인터넷창업

상품등록게시판은 네이버(Naver) 카페 및 다음(Daum) 카페에서 추가하여 사용할 수가 있는데, 네이버 카페에서 [상품등록게시판]을 추가한 후에 상품을 판매하는 방법에 대해서 설명하면 아래와 같다. 또한 다음(Daum) 카페에서도 거의 동일한 방법으로 상품을 판매할 수 있다.

1. 상품등록게시판의 추가

[그림 4-6]은 네이버 카페의 카페관리 > 메뉴 > 메뉴관리 화면인데, 왼쪽 메뉴 종류에서 새롭게 추가된 상품등록게시판을 확인할 수 있다. 기존의 게시판 생성 방법과 동일하게 상품등록게시판을 선택한 후에 [추가]를 클릭하면 된다. 물론 상품등록게시판의 이름은 창업자가 주로 판매하고자 하는 제품의 종류 등으로 변경이 가능하다.

[그림 4-6] 상품등록게시판 추가

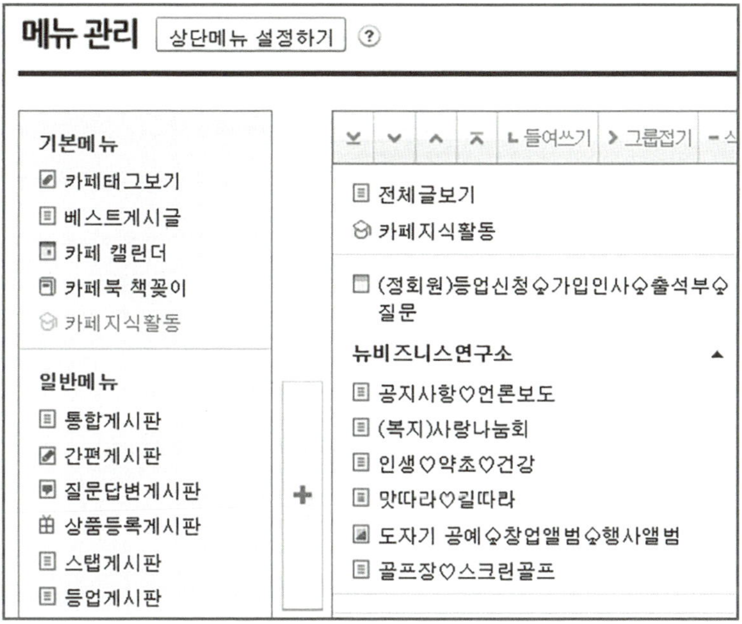

또한 [그림 4-7]에서와 같이 메뉴기본설정에서 메뉴명과 메뉴 설명을 입력한 후, 해당 게시판에서 사용할 거래종류(개인거래 혹은 공동구매)를 선택한다. 다만, 저장을 완료한 후에는 거래종류는 변경할 수가 없다.

[그림 4-7] 거래종류의 설정

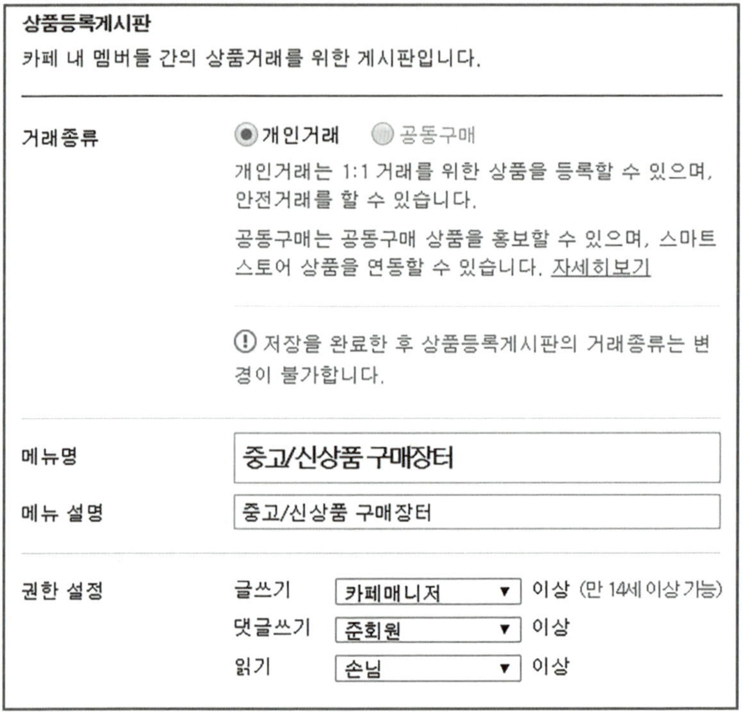

2. 상품의 등록 및 상품 판매

앞에서 추가한 [상품등록게시판]에 판매하고자 하는 다양한 상품을 등록하면 되는데, 이를 활용하여 상품을 판매하는 과정은 아래와 같다.

① [상품등록게시판]을 추가한 후에 게시판의 이름을 [중고/신상품 구매장터]로 설정한다. 게시판의 이름은 판매하고자 하는 상품의 종류에 맞게 설정하면 된다.

② [중고/신상품 구매장터] 게시판에 판매하고자 하는 상품을 등록하면 되는데, 거래방법은 안전거래 혹은 직접거래 중에서 하나를 선택할 수 있다. 예를 들어, [그림 4-8]에서 보듯이 상품등록게시판의 이름을 [중고/신상품 구매장터]로 하여 안전거래를 선택한 후에 상품을 등록하면, 고객들은 무통장, 계좌이체, 신용카드로 결제할 수 있다.

③ 카페의 메인(대문)에서 상품구매에 대한 홍보를 진행하면 되는데, [SNS간의 연동에 의한 인터넷창업]에서 설명하였듯이 [상품등록게시판]에 등록된 상품뿐만 아니라 다른 SNS에서 판매하고 있는 상품들에 대해 HTML 명령어로 연동시키는 것이 필요하다. 이것에 대한 자세한 내용은 뉴비즈니스연구소 카페(cafe.naver.com/ihavetwojobs)에서 확인할 수 있는데, 카페에서도 얼마

[그림 4-8] 상품등록게시판을 활용한 상품의 등록 및 판매

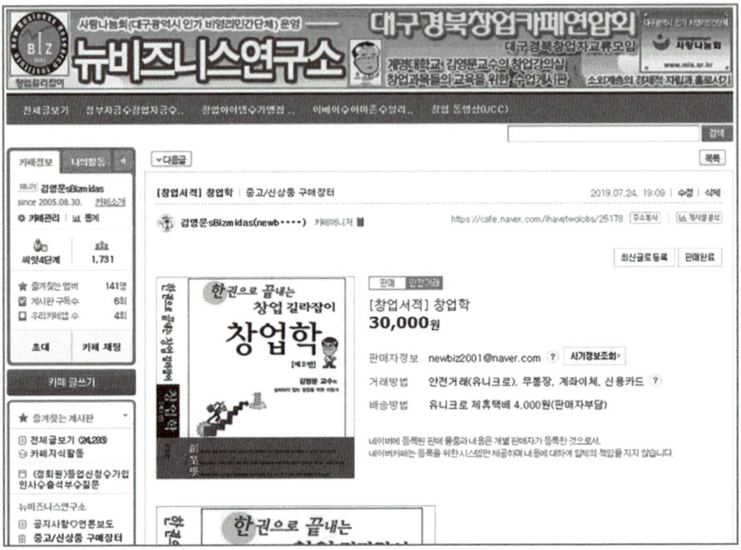

든지 상품을 판매할 수 있다는 것을 보여주고 있다. 또한 한 줄에 5개의 상품이미지를 등록한 후에 4줄로 만들어서 20개의 상품이미지를 등록해 보았다. 이렇게 하면, 카페의 첫 페이지를 마치 전자상거래 사이트와 같이 만들어서 상품을 판매할 수 있다.

한편, 카페(cafe.naver.com/ihavetwojobs)에서 보듯이, 카페 대문을 전자상거래 사이트의 메인 화면처럼 만들기 위해서는 다음의 순서로 진행하면 되는데, 제3장의 [제1절 HTML의 활용]에서 설명한 HTML 명령어들을 활용하면 된다.

① [상품등록게시판]을 추가하여 게시판의 이름을 [중고/신상품 구매장터]로 설정한 후에 20개의 상품을 등록한다.

② 20개의 상품별로 카페 대문에서 보여줄 상품이미지를 이미지 호스팅 사이트에 등록한다.

③ 제3장의 [제1절 HTML의 활용]에서 설명한 HTML 명령어를 사용하여 4줄 5칸의 테이블(4*5, 총 20개 칸)을 만든다.

④ 테이블의 칸에는 상품이미지의 크기를 width="105" height="105"로 조정한 후에 불러오게 하고, 상품이미지를 클릭했을 때에 [중고/신상품 구매장터]에 있는 해당 상품의 상품구매 페이지로 링크되도록 한다. 이것을 하기 위한 명령어의 형식은 아래와 같다.

```
<td>
  <a href="[중고/신상품 구매장터]의 상품구매 페이지의 주소
    (URL)">
  <img src="상품이미지 호스팅 사이트에 등록되어 있는 상품이미지의
    주소(URL)">
  </a>
</td>
```

⑤ 4줄 5칸의 테이블(4*5, 총 20개 칸)에 대해 위의 방법대로 HTML 명령어를 만들면 카페(cafe.naver.com/ihavetwojobs)의 메인 화면처럼 만들 수 있는데, 4줄 5칸의 테이블의 기본 형식은

아래와 같다.

```
<table>
<tr>
  <td>  </td>
  <td>  </td>
  <td>  </td>
  <td>  </td>
  <td>  </td>
</tr>
<tr>
  <td>  </td>
  <td>  </td>
  <td>  </td>
  <td>  </td>
  <td>  </td>
</tr>
<tr>
  <td>  </td>
  <td>  </td>
  <td>  </td>
  <td>  </td>
  <td>  </td>
</tr>
```

```
<tr>
  <td>  </td>
  <td>  </td>
  <td>  </td>
  <td>  </td>
  <td>  </td>
</tr>
</table>
```

3. 홍보와 구매를 연동한 상품 판매

위에서는 네이버 카페의 [상품등록게시판]에서만 상품을 판매하였는데, 상품에 대한 홍보는 페이스북 그룹(판매/구매)에서 진행하고, 상품의 판매는 네이버 카페의 [상품등록게시판]으로 연동시켜서 진행하는 것도 가능하다. 즉, 2개의 SNS를 HTML 명령어로 연동시켜서 상품의 홍보 및 판매를 별도로 진행할 수 있는데, 이것은 다양한 SNS를 활용한 인터넷창업에 매우 효과적으로 활용될 수 있다.

예를 들어서, 페이스북의 대구경북마트 그룹(판매/구매)에서 상품을 등록한 후에 상품의 구매 및 결제는 네이버 카페의 [상품등록게시판]에서 하는 것을 생각할 수 있다. [그림 4-9]에서 보듯이, 페이스북의 대구경북마트 그룹(판매/구매)에서 상품이미지 및 설명을 등록한 후에 [구매하기(Buy It Now)]를 클릭하면, 네이버 카페의 [상품등록게시판]에 있는 상품구매 페이지로 링크(link)를 시켜서 상품을 구매하도록 할 수 있다. 이 때에 [구매하기(Buy It Now)] 아래의 괄호 안에 [상품등록게시판]에 있는 상품구매 페이지의 주소를 입력하면 된다([제3장의 제1절 HTML의 활용: 4. 제목을 메인페이지에 배치한 후에 링크시키는 방법]을 참조).

[그림 4-9] 네이버와 페이스북의 연동

☞ [Daum 카페를 활용한 인터넷창업] 위에서 네이버 카페에서 [상품등록게시판]을 추가하여 상품을 등록하고 판매하는 방법에 대해서 설명을 하였는데, Daum 카페에서도 동일한 방법으로 실습할 수 있다.

☞[카페(cafe)를 활용한 창업 사례]

(1) 일본창업연구소(cafe.naver.com/limdk325)에서는 일본보따리무역에 관심 있는 창업자들을 대상으로 다음과 같은 사업을 하고 있다.

① 일본보따리무역에 관한 5박 6일 과정의 연수

② 일본보따리무역에 관한 이론교육

③ 일본보따리무역 창업에 관한 컨설팅

(2) 중고나라(cafe.naver.com/joonggonara)는 가입된 회원이 1천 8백만명이 넘는 국내 최대 규모의 카페이며, [중고나라 쇼핑센터]에서 다양한 제품들을 판매하고 있다.

(3) MMA 종합격투기 관련 상품(cafe198.daum.net/_c21_/home?grpid=y6uO)에서는 종합격투기 관련 상품들을 판매하고 있다.

☞[YouTube 채널: 김영문_travel_and_sbiz]

유튜브(YouTube)에 등록되어 있는 제4장의 [카페(cafe)를 활용한 인터넷창업]과 관련된 동영상 강좌는 다음과 같다. 다만, 동영상 강좌의 내용이 저서의 내용과 정확하게 일치하는 것은 아니지만, 아래의 동영상 강좌를 통해서 카페(cafe)를 활용한 인터넷창업에 필요한 실무지식을 충분히 습득할 수 있을 것이다.

① 카페(cafe)를 활용한 창업

② 카페로 돈 벌기 위해서 하는 일

③ Daum카페 만들기+상품판매하기

④ 다음 카페(Daum cafe)를 활용한 상품등록 및 판매

⑤ 네이버 카페(Naver cafe) 만들기

⑥ 네이버 카페의 개발 및 성공적인 운영 전략

⑦ 네이버 카페로 인터넷쇼핑몰 만들기

제 5 장

밴드(Band)를 활용한 인터넷창업

1. 밴드의 주요 기능
2. 밴드를 만들 때에 설정해야 하는 사항
3. 밴드 개설 및 운영에 도움이 되는 사이트
4. 밴드를 활용한 인터넷창업의 고려사항

밴드(Band)는 2012년 8월 8일에 처음으로 출시된 네이버(주)의 소셜 네트워크 서비스(SNS)로 안드로이드(Android)와 iOS 운영체제를 지원한다. 2013년 초 네이버(주)의 모바일 분야 자회사인 캠프모바일이 설립되어, 네이버 밴드의 개발과 운영을 이어받았다. 2016년 현재 영어, 한국어 등을 포함한 7개국어 버전이 배포 중이며, 2015년 8월에는 월간 이용자 수가 1,700만 명을 돌파하였다.

1. 밴드의 주요 기능

밴드(Band)를 활용하여 인터넷창업을 하기 위해서는 먼저 밴드가 제공하는 주요 기능을 정확하게 이해하는 것이 필요한데, SNS로서 밴드(Band)는 앞에서 설명한 카페(cafe)와는 개발 및 운영의 측면에서 확연한 차이가 있다. 또한, 밴드의 주요 기능은 다음과 같은데, 밴드가 제공하는 다양한 기능을 어떻게 활용하여 인터넷창업을 위한 사이트로 활용할 것인가를 계획하는 것이 필요하다.

① **게시판**: 타임라인 형태로 메시지 게시가 가능하며 최신 글이 가장 위에 게시된다. 첨부된 파일 중 멀티미디어 파일이나 마

이크로소프트 오피스 포맷의 파일은 직접 미리보기가 가능하다.

② **채팅**: 일대일, 혹은 일대다 형태의 인스턴트 메시징(instant messaging) 기능을 제공한다.

③ **멤버**: 밴드에 특정 멤버를 초대하고, 밴드 내에 가입된 멤버들의 주소록을 관리할 수 있다. 초대는 라인, 카카오톡 등의 다른 메신저 친구나, 페이스북 친구 등을 연동하여 손쉽게 초대 가능하며 문자메시지 형태로도 가능하다.

④ **투표**: 멤버들이 참여하는 투표 형태의 게시물을 게시할 수 있다.

⑤ **캘린더**: 밴드 멤버들의 중요 일자, 생일, 기념일, 미팅 등을 공유할 수 있는 통합 그룹 달력 기능을 제공한다.

⑥ **사진 앨범**: 해당 밴드 멤버들에 의해 공유 가능한 사진들을 게시할 수 있으며, 한 번에 100장까지 업로드 가능하다.

⑦ **피드(feed)**: 게시물이 업로드된 시간, 댓글, 좋아요 등과 사용자의 성향을 조합하여 사용자의 개인별 취향에 맞는 게시물 및 추천 밴드 정보를 제공하는 기능이다.

⑧ 밴드에서는 광고(bizcenter.band.us/main/home)를 진행할 수 있는데, 홍보 및 회원 증가에 많은 도움이 될 수 있다.

한편, 3.x 버전까지는 폐쇄형 소셜 네트워크 서비스 형태로 운영되었기 때문에, 동호회나 동창 모임, 가족용 비공개 모임을 위해 주로 사용되었다. 하지만 2015년 4월 4.0 버전으로 업데이트된 후 공개 밴드도 지원하게 되었으며, 공개형 소셜 네트워크 서비스 형태로 전환하였다. 이후 밴드의 속성을 공개, 밴드명 공개, 비공개로 나누었는데, 광고 및 상업성 밴드가 생겨나고 멤버 수가 많은 밴드의 매매가 이루어지는 등 부작용도 발생하고 있다.

2. 밴드를 만들 때에 설정해야 하는 사항

인터넷창업을 위한 사이트로 활용하기 위한 밴드(band.us)를 만들 때에 반드시 설정해야 하는 것들은 아래의 7가지라고 할 수 있는데, 특히 가입 신청 받기와 멤버들의 권한 설정은 신중하게 설정하는 것이 필요하다. 밴드에서 〈밴드 설정〉을 클릭하여 아래의 사항들을 설정하면 된다.

① **밴드주소(url)**: 밴드주소는 왼쪽 상단의 밴드 이름 아래에 있는 [주소를 설정해 보세요]를 클릭하여 설정할 수 있는데, 밴드의 성격에 맞게 설정하는 것이 필요하다.

② **대표태그**: 기존 홈페이지의 게시판에 해당하는 것이며, 상품판매를 위해 반드시 설정해야 한다. 또한 판매하고자 하는 상품의 종류를 3~5가지 정도로 분류하는 것이 필요한데, 이에 따라 대표태그를 설정하면 된다([그림 5-1] 참고).

③ **밴드 이름 및 커버**: 커버는 밴드를 나타내는 포토샵 이미지를 말하는데, 밴드에서 판매하고자 하는 상품의 성격에 맞게 포토샵으로 제작하여 등록하면 된다.

④ **밴드 공개**: 비공개 밴드, 밴드명 공개 밴드, 공개 밴드 중에서 선택하면 되는데, 밴드명 공개 밴드를 추천한다. 밴드명 공개 밴드는 누구나 밴드를 검색하여 찾을 수 있지만, 게시물은 멤버

[그림 5-1] 밴드의 대표태그

만 볼 수 있기 때문이다.

⑤ **밴드 소개**: 어떤 목적으로 운영되고 있는 밴드인가를 설명한다.

⑥ **가입 신청 받기**: 회원 가입 시에 밴드 운영자의 승인 여부를 결정하는 것을 말하는데, 일반적으로 가입 신청을 받아서 밴드리더가 승인하는 것이 바람직하다.

⑦ **멤버들의 권한 설정**: 밴드 회원들이 할 수 있는 것과 할 수 없는 것을 설정하는데, 밴드의 회원들이 증가되면서 예상하지 못했던 다양한 문제들이 발생하지 않도록 [멤버들의 권한 설정]은 신중하게 해야 한다.

☞ [참고] 밴드 회원이 증가함에 따라 설정의 변경이 지속적으로 필요한데, 밴드 회원으로 활동하고 싶은 사람들이 있는 동시에 밴드에 가입된 회원을 대상으로 본인의 사업을 홍보하고 광고하고 싶은 사람들도 많기 때문이다. 이에 따라 [가입 신청 받기] 및 [멤버들의 권한 설정]을 할 때에 다양한 상황을 충분히 고려할 필요가 있는데, 그렇지 않으면 밴드의 운영 및 활동을 저해하는 글들이 많이 등록될 수 있다.

3. 밴드 개설 및 운영에 도움이 되는 사이트

밴드를 처음으로 개설하는 사람들에게 유익한 정보를 제공하는 사이트로는 아래의 2가지가 있으며, 밴드를 성공적으로 개설하고 운영하는 데 많은 도움이 된다.

① 네이버 밴드의 모든 것(blog.naver.com/bandapp)

② 네이버 밴드 가이드(band.us/band/62396709)

4. 밴드를 활용한 인터넷창업의 고려사항

밴드를 활용하여 인터넷창업을 할 때의 주요 고려사항은 다음과 같다.

① 앞에서도 설명했듯이 판매하는 상품의 성격에 따라 3~5개의 [대표태그]를 설정하는 것이 필요하며, 상품을 등록할 때에는 기존 인터넷쇼핑몰 혹은 전자상거래 사이트와 같이 포토샵으로 상품이미지를 만드는 것이 필요하다. 또한 상품에 대한 자세한 설명과 더불어 연락처를 기재하는 것이 바람직할 것이다.

② [대표태그]에 등록된 상품 중에서 인기가 좋거나 시기적으로 적극적인 판매를 원하는 경우에는 해당 상품을 [공지로 등록]하거나 [중요 공지로 등록]할 수 있다([그림 5-2] 및 [그림 5-3] 참조). 밴드에서 상품을 [공지로 등록] 혹은 [중요 공지로 등록]하는 것은 인터넷쇼핑몰 혹은 전자상거래 사이트에서 상품을 메인화면에 등록하는 것과 유사하게 생각할 수 있다.

③ SNS간의 연동에 의한 인터넷창업을 진행할 때에는 [그림 5-2]에서 확인할 수 있는 해당 상품의 [주소 복사]를 활용할 수 있으며, 아래와 같은 형식의 HTML 명령어를 활용하여 밴드에 등록되어 있는 상품구매 페이지로 링크(link)를 시킬 수 있다.

[그림 5-2] 공지로 등록

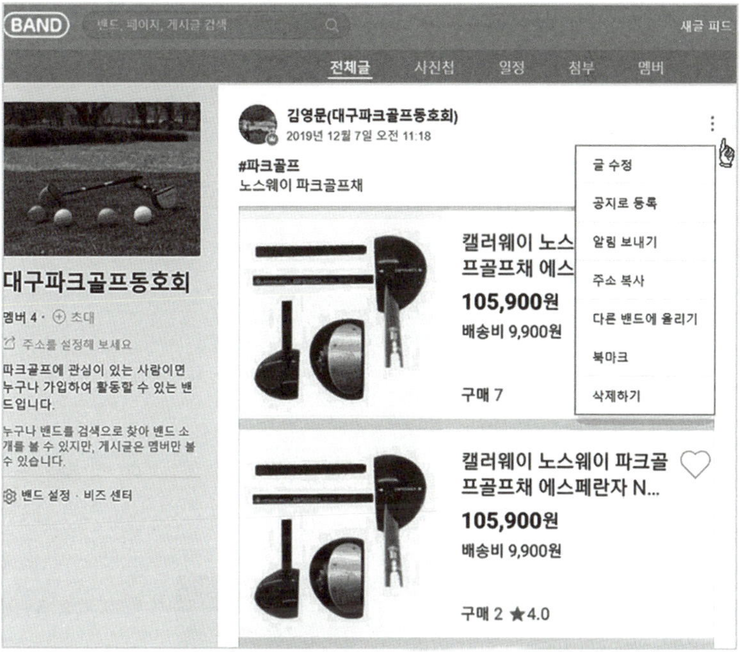


```
[주소] https://band.us/band/77876767/post/14

    <a href="https://band.us/band/77876767/post/14">
      <img src="밴드(혹은 밴드 이미지)의 주소(URL)">
    </a>
```

④ 밴드에 등록된 상품의 매출 향상을 위해서는 광고(ad.band.

[그림 5-3] 중요 공지로 등록

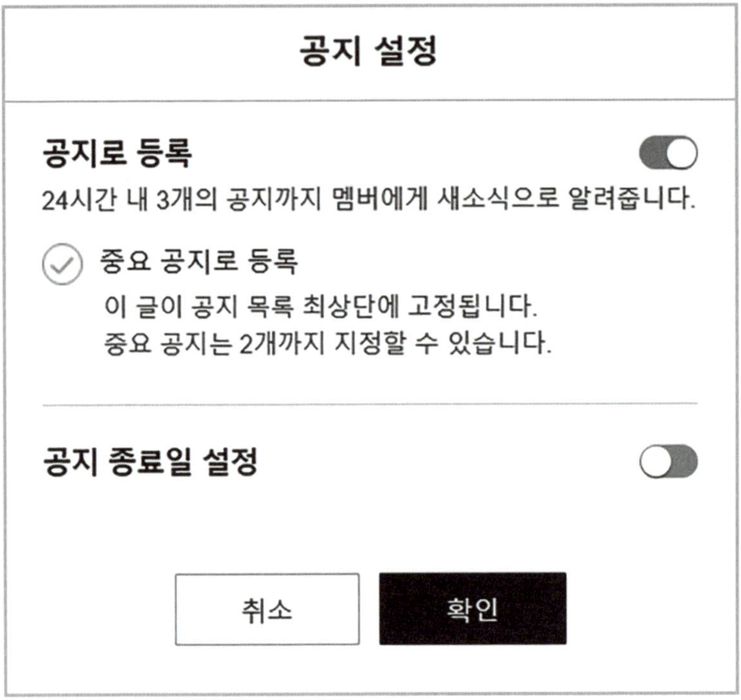

us)를 적극 활용하는 것이 필요한데, 밴드에서 진행할 수 있는 광고는 4가지로 구분할 수 있다.

ⓐ 디스플레이 광고

ⓑ 소셜 광고

ⓒ 네이티브 광고

ⓓ 스티커 프로모션 광고

⑤ 인터넷창업자가 운영하고 있는 다른 SNS에서 밴드에 등록되어 상품을 구매할 수 있도록 HTML 명령어에 의한 연동뿐만 아니라 유튜브(YouTube)에 등록되어 있는 홍보용 동영상(UCC)의 'Comments'에 등록할 수 있는 밴드의 상품구매 페이지의 주소를 클릭하여 구매하도록 하는 것도 생각할 수 있다.

⑥ 밴드에서는 [2020 신학기 밴드 캠페인]을 통해 출석 체크, 라이브 방송, 과제 제출 등 온라인 수업에 필요한 각종 기능 등을 무료로 제공하고 있는데(아시아타임즈, 2020.4.18), 밴드가 제공하고 있는 라이브 방송을 활용하여 TV홈쇼핑과 같이 다양한 상품의 판매가 가능하게 되었다([그림 5-4] 참조). 이에 대한 자세한 내용은 [쉬운 온라인 수업을 위한 밴드 라이브 및 사용 가이드]를 검색하여 확인할 수 있는데, 상품을 판매하기 위한 인터넷창업에 유용하게 활용할 수 있다.

[그림 5-4] 밴드의 라이브 방송

☞ [Naver 밴드를 활용한 창업 사례]

① 남 다른 운동화 소호리(band.us/band/60936616)에서는 일본에서 직수입한 신발 및 의류 등을 오프라인에서 운영하고 있는 점포와 연계하여 판매하고 있다.

② 이쁘자나(band.us/band/61332536)에서는 여성의류를 전문적으로 판매하고 있는데, 상품을 판매하고 싶은 입점자도 모집하고 있다.

③ 뽑기상품판매(band.us/band/57926333)에서는 뽑기를 하여 필요 없거나 사용하지 않는 상품을 판매하고 있다.

☞ [YouTube 채널: 김영문_travel_and_sbiz]

유튜브(YouTube)에 등록되어 있는 제5장과 관련된 동영상 강좌는 다음과 같은데, 직접 밴드를 만들어서 상품을 등록해 보는 것이 필요하다.

① 밴드 만들고 운영하기

제 6 장

페이스북 그룹 및 페이지를 활용한 인터넷창업

1. 페이스북의 종류
2. 페이스북을 활용한 인맥형성 및 홍보
3. 페이스북을 활용한 상품판매

1. 페이스북의 종류

세상을 연결한다(connecting the whole world)라는 기업 미션으로 출발한 페이스북은 SNS의 리더(leader)라고 할 수 있으며(베타공간, blog.naver.com/edelsoft), 페이스북(facebook)은 아래와 같이 3가지로 구분하여 개설 및 운영할 수 있다.

① **페이스북(프로필, 개인계정)**: 페이스북의 개인계정인데, 가입하는 방법과 프로필 설정하기(bestarbrand.blog.me/221115087172)에서 페이스북의 가입 및 프로필의 설정에 대해 자세하게 설명하고 있다. 또한 페이스북의 개인계정이 있는 경우에는 페이스북(페이지) 혹은 페이스북(그룹)을 개설할 수 있다.

② **페이스북(페이지)**: 고객들이 페이지를 통해 쉽게 창업사의 비즈니스, 제품 및 서비스에 관해 조금 더 알아보고 또한 문의할 수 있도록 활용할 수 있는 장점이 있다.

③ **페이스북(그룹)**: 판매/구매, 친한 친구, 클럽, 이웃, 가족, 스터디 그룹, 여행, 소셜 학습 등 다양한 그룹 유형을 설정할 수 있는 특징이 있는데, 페이스북 그룹 중에서 판매/구매 그룹이 가장 활성화가 되고 있는 실정이다.

2. 페이스북을 활용한 인맥형성 및 홍보

페이스북(facebook)을 활용한 3가지 유형의 소셜 네트워크 서비스(Social Network Service; SNS) 중에서 가장 많이 사용되고 있는 페이스북(프로필, 개인계정)을 활용하여 인맥형성 혹은 홍보를 위한 몇 가지 방법을 소개하면 다음과 같다([그림 6-1] 참조).

① [사진/동영상]을 클릭한 후에 사진뿐만 아니라 홍보하고 싶은 내용에 대한 동영상(UCC)을 제작하여 등록할 수 있는데, 페이

[그림 6-1] 페이스북의 개인 프로필

스북(프로필, 개인계정)에서 가장 많이 사용하는 기능이라고 할 수 있다.

② [중요 이벤트]-[카테고리 선택]을 클릭하여 다양한 이벤트에 대한 정보를 등록할 수 있다.

③ 페이스북의 경우에는 5천명까지만 연결할 수 있는데, 더 많은 사람들에게 홍보를 하기 위해서는 추가적으로 페이스북 아이디를 개설하거나 페이스북 페이지(facebook page) 등을 개설하여 운영하면 된다.

한편, 페이스북의 개인계정을 갖고 있는 경우에는 여러 개의 그룹 혹은 페이지를 만들 수 있는데, 페이스북 페이지(facebook page)는 회사, 브랜드 및 단체가 자신들의 소식을 공유하고 사람들과 연결할 수 있는 공간이라고 할 수 있다. 페이스북의 개인 프로필과 마찬가지로 페이지도 소식을 게시하거나 이벤트를 열거나 앱을 추가하는 등 다양한 활동을 통해 자유롭게 활용할 수 있다.

[그림 6-1]은 페이스북에서 개설한 저자의 프로필(개인계정)인데, 이것은 비상업용이며 개별 사용자를 나타낸다. 관심이 있지만 친구를 맺지 않은 사람의 공개 업데이트는 프로필을 팔로우하여 확인할 수 있도록 하고 있다.

하지만, 페이스북 페이지(facebook page)는 개인 프로필과 비슷하지만 비즈니스, 브랜드, 단체를 위한 고유한 도구를 제공하고 있다. 페이지는 개인 프로필(개인계정)을 가진 사람들에 의해 개설 및 관리되며, 페이지의 "좋아요"를 클릭하면 뉴스피드(news feed)에서 업데이트를 볼 수 있다. 즉, 페이스북에 등록하는 사용자는 각자 하나의 계정과 로그인 정보를 가지며, 계정마다 개인 프로필 1개가 포함되며 하나의 계정에서 여러 개의 페이지를 만들고 관리할 수 있다.

한편, [그림 6-1]에서는 개인 프로필에서 2개의 페이지를 만들었다는 것을 보여주고 있으며, [페이지 만들기] 메뉴도 확인할 수 있다.

① 맛따라 길따라

② 뉴비즈니스연구소

☞ [페이스북 광고] 페이스북에서 광고를 하기 위해서는 다음과 같이 진행하면 된다.

① 오른쪽 상단에 있는 화살표(▼)를 클릭한 후에 맨 아래에 있는 광고(facebook.com/business)를 클릭한다([그림 6-2] 참조).

② Facebook 광고 설정(facebook.com/business/ads)에서 [광고 만들기]를 클릭하여 광고를 진행한다.

③ Facebook 광고 시작하기(facebook.com/business/learn/categories/introduction)를 클릭한 후에 살펴보면, 페이스북에서의 광고 제작 방법에 대한 전반적인 지식과 유용한 팁을 얻을 수 있다.

☞ [참고] 페이스북에서 광고를 시작하기 전에 적어도 수백명과의 인맥형성 및 유용한 콘텐츠의 등록이 선행되어야 할 것으로 판단된

다. 참고로 저자가 운영하고 있는 페이스북(프로필, 개인계정)(www.facebook.com/YoungMoonKim)에서는 여행, 맛집 그리고 창업관련 콘텐츠를 많이 등록하고 있는데, 장기적으로 저자가 운영하고 있는 다른 SNS들과의 연계를 통해 여행, 맛집 그리고 창업관련 사업을 하기 위한 준비를 하고 있다.

[그림 6-2] **페이스북에서의 광고**

3. 페이스북을 활용한 상품판매

페이스북은 2015년 말부터 미국 등 글로벌 시장에서 '샵 섹션' 서비스를 시작하였으며, 한국에서는 2016년 8월에 샵 섹션 서비스에 대한 테스트를 시작했다(한국경제, 2016.9.12). 또한 1인당 한 달에 평균 8시간 24분을 사용해 국내 스마트폰 앱(응용프로그램) 이용시간 점유율 1위를 달리고 있는 페이스북의 쇼핑 시장 진출로 모바일 쇼핑업계의 경쟁은 더욱 치열해질 것으로 전망되고 있다.

페이스북에서도 2019년 3월에 인스타그램 앱에서 상품을 바로 판매할 수 있는 체크아웃(Checkout) 기능을 출시했는데(오힘찬, 2020.5.21), 구체적인 내용은 전자상거래 비즈니스를 위한 페이스북(www.facebook.com/business/industries/ecommerce)에서 확인할 수 있다. 하지만, 페이스북에 대한 전문적인 지식이 부족한 창업자들이 페이스북을 활용하여 상품을 판매하는 방법은 먼저 다음과 같이 시작할 수 있다.

(1) 페이스북의 그룹(판매/구매)에서 상품판매하기

페이스북에서 상품을 홍보하고 판매하기 위해서는 그룹(판매/구매)을 개설하면 되는데, 그 절차는 다음과 같다.

① 먼저 페이스북에 가입한다.

② 페이스북의 상단에 있는 그룹 이미지(혹은 www.facebook.com/groups)를 클릭한 후에 [그룹]-[+새 그룹 만들기]를 클릭하여 [그룹 만들기]에서 그룹을 만들면 된다([그림 6-3] 참조). 다만, [친구 초대]에서는 친구 한 명 이상의 이름 혹은 이메일 주소를 입력하는데, 이것은 선택 사항이다.

③ 그룹을 만든 후에 왼쪽에 있는 [관리자 도구]-[설정]을 클릭하여, [기능 추가]-[그룹 유형]에서 [판매/구매]를 선택한 후에 [저장]을 클릭하면 된다.

[그림 6-3] 페이스북 그룹 만들기

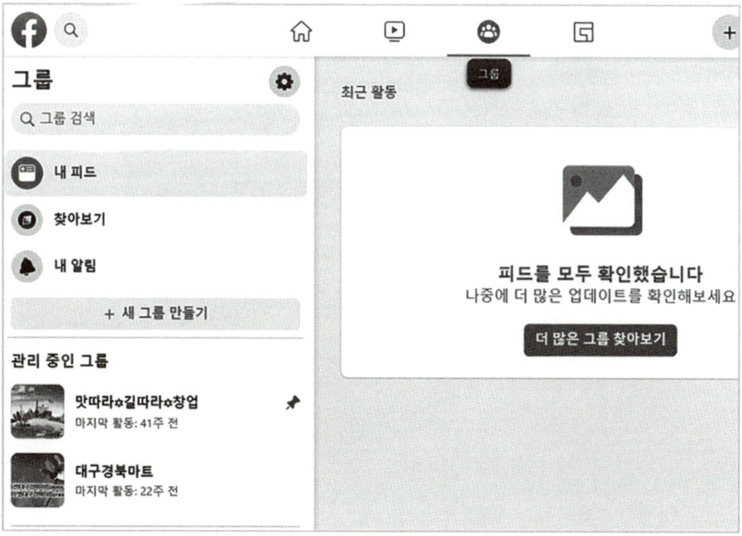

④ 페이스북에서 [판매/구매] 그룹을 만들었으면, 창업기업에서 판매하고 싶은 상품을 [판매/구매]－[판매하기]에서 등록하여 판매하면 된다.

한편, 페이스북에서 상품을 판매하기 위해서는 [판매하기]를 클릭하여 아래의 내용들을 입력한 후에 [게시]를 클릭하면 되며, [그림 6-4]과 같이 판매하고자 하는 상품을 등록할 수 있다.

[그림 6-4] [판매/구매] 그룹에 상품등록

① 사진

② 제목

③ 가격

④ 상태

⑤ 설명

(2) 페이스북의 페이지에서 상품판매하기

페이스북 페이지는 새 페이지 만들기(www.facebook.com/pages)에서 만들 수 있으며, [무료 Facebook 비즈니스 도구]에서 [제품 판매]를 클릭하여 [Shop 설정]을 하면 상품을 등록하여 판매할 수 있다([그림 6-5] 참조). [그림 6-5]에서 [시작하기]를 클릭하면, 다음과 같은 사항에 대한 설정이 필요하다.

① **결제 수단 선택**: 결제 수단에 따라 고객이 Shop에서 제품을 구매할 때 연결되는 위치가 결정되는데, [다른 웹사이트에서 결제] 혹은 [메시지 기능으로 결제] 중에서 하나를 선택하면 된다.

② **비즈니스 계정 연결**: 비즈니스 계정을 사용하여 상거래 관리자에 액세스할 수 있다. 상거래 관리자는 Shop을 원하는 대로 설정하고, 인벤토리를 관리하고, 비즈니스 인사이트를 확인할 수 있는 공간이다. 비즈니스 계정 연결에서는 비즈니스 이름 및 비즈니스 이메일 주소를 입력하면 된다.

③ **카탈로그 만들기**: 카탈로그는 판매할 제품의 인벤토리이며, Shop에 제품을 추가하려면 카탈로그를 만들어야 한다.

[그림 6-5] 페이스북 페이지에서의 상품판매

④ **검토를 위해 Shop 제출하기**: 상거래 계정의 검토를 위해 결제 수단, 비즈니스 이름, 비즈니스 이메일 주소, 카탈로그의 4가지에 대한 사항을 확인한 후에 최종 제출해야 한다.

⑤ Shop 맞춤 설정

(3) 페이스북에서 SNS전용 결제 기능을 활용한 상품판매

페이스북에서 판매/구매 그룹 혹은 페이지를 활용하여 상품판매를 할 수 있지만, 유니크로(www.unicro.co.kr), 블로그페이(blogpay.co.kr) 등과 같이 제3장 [제4절 SNS에서의 다양한 결제 기능]에서 설명한 다양한 결제 기능을 부가적으로 활용하여 보다 편리한 상품판매가 가능하다. 또한 페이스북에서 HTML 명령어를 활용하여 상품을 판매하고 있는 다른 SNS 및 오픈마켓으로의 연동시키는 것도 고려할 수 있다.

(4) 페이스북에서의 효과적인 상품판매 방법

페이스북은 크게 3가지 유형으로 개설 및 활용할 수 있는데, 상품판매의 경우에는 판매/구매 그룹 혹은 페이지에서 상품을 판매할 수 있는 기능을 제공하고 있다. 하지만, 위에서도 언급하였듯이 페이스북(프로필, 개인계정)에서도 상품등록한 후에 유니크로(www.unicro.co.kr)의 거래프로세스를 활용하여 얼마든지 상품의 판매 및 결제를 할 수 있다.

다만, 전체적으로 볼 때에 페이스북에서의 상품판매는 조금씩 기능이 추가되면서 발전하고 있는 조기 단계라고 할 수 있는데, 페이스북에서의 직접 판매보다는 상품을 판매하고 있는 다른 SNS와의 연동이 오히려 더 효과적일 수 있다. 즉, 페이스북에서는 판매하고 싶은 상품들을 등록한 후에 구매를 원하는 고객들이 상품을 판매하고 있는 다른 SNS로 접속할 수 있는 통로를 HTML 명령어를 활용하여 제공하는 역할이 오히려 더 효과적일 수 있을 것이다. 페이스북에서는 상품이미지, 동영상(UCC) 등을 활용하여 판매하고자 하는 상품에 대한 홍보를 하면서 실제로 상품구매를 할 수 있는 다른 SNS로 접속할 수 있도록 도와주는 역할을 하는 것이 효과적일 수 있다(제4장 제2절에서 설명한 [3. 홍보와 구매를 연동한 상품 판매]를 참고).

☞ [페이스북을 활용한 인터넷창업의 사례]

① 페이스북의 모든 카테고리(www.facebook.com/groups/categories)에서 [판매/구매]를 클릭하면, 상품을 판매하고 있는 많은 그룹을 볼 수 있다.

② 페이스북 페이지(www.facebook.com/pages)에서 [둘러보기]를 클릭하면, 페이스북 페이지를 활용한 인터넷창업의 사례들을 찾아볼 수 있다. 예를 들어, Sk렌탈나라, 참된건강랜드, 춘산삼남매농원 사과, 향이네사과, 김천사과 등에서 다양한 제품들을 판매하고 있는 것을 확인할 수 있다.

③ 신나라레코드(facebook.com/synnarafriend)에서는 음반 관련 상품을 신나라레코드 앱(m.synnara.co.kr)과 연동시켜서 판매하고 있다.

☞ [YouTube 채널: 김영문_travel_and_sbiz]

유튜브(YouTube)에 등록되어 있는 [페이스북 그룹 및 페이지를 활용한 인터넷창업]과 관련된 동영상 강좌는 다음과 같다.

① 페이스북을 활용한 홍보, 광고 및 상품판매

제 7 장

블로그(blog)를 활용한 인터넷창업

1. 인터넷창업이 가능한 블로그의 종류
2. 홈페이지형 블로그의 개발 및 운영
3. 블로그에서의 상품판매 및 결제

1. 인터넷창업이 가능한 블로그의 종류

블로그(blog)는 네티즌이 자신의 관심사에 따라 자유롭게 게시물을 작성하여 올리는 웹사이트를 말한다. 블로그는 '웹로그(weblog)'에서 온 말이며, 웹(web)과 기록(log)이라는 두 단어가 합쳐 만들어진 '웹 항해 기록'이라는 뜻의 용어다. 인터넷을 항해하다가 발견한 흥미로운 링크에 짧은 코멘트를 덧붙이는 것이 전형적인 초기 형태였다(다음 어학사전, dic.daum.net).

이러한 블로그(blog)는 아래의 사이트에서 운영할 수 있는데, 무료라는 것이 가장 장점이다. 하지만, 네이버 블로그가 국내 블로그 시장의 85%를 차지하고 있는데(경남도민일보, 2013.1.30), 이에 따라 아래의 블로그 중에서 영향력이 큰 블로그들을 우선적으로 운영하여 인터넷창업을 하는 것이 필요할 것이다.

① 네이버 블로그(section.blog.naver.com)

② 다음 블로그(blog.daum.net)

③ 이글루스(www.egloos.com)

④ 에이블 블로그(www.ablenews.co.kr/Blog)

⑤ 구글 블로그(www.blogger.com)

여기에서 에이블 블로그(www.ablenews.co.kr/Blog)는 메인포스트 설정기능이 있는데, 이것은 특정 글(혹은 포스트)을 블로그의 메인에 고정시킬 수 있는 기능을 말한다. 이것을 활용하면 블로그 운영자가 홍보하고 싶은 중요한 내용들을 블로그의 메인에 항상 고정시킬 수 있기 때문에, 홈페이지 혹은 카페의 메인 페이지와 같이 운영할 수 있다. 또한 인터넷쇼핑몰의 메인 페이지와 같이 판매하고자 하는 상품들의 이미지들을 HTML을 활용하여 블로그의 메인 페이지에 배치한 후에 다른 SNS와 연동시키거나 유니크로(www.unicro.co.kr)의 거래프로세스를 활용하여 인터넷 창업을 할 수 있다.

2. 홈페이지형 블로그의 개발 및 운영

(1) 홈페이지형 블로그의 개념

홈페이지형 블로그는 창업기업의 홈페이지와 같이 사용할 수 있는 블로그(blog)를 말하는데, 기존의 블로그와 차별되는 점은 특정 포스트를 메인포스트로 설정하여 고정시킬 수 있다는 점이다. 이에 따라 메인포스트는 HTML 및 포토샵 이미지들을 활용하여 기존 홈페이지의 메인페이지와 같이 만들 수 있는 장점이 있으며, 동시에 인터넷창업 사이트로서 활용할 수 있는 특징이 있다.

(2) 홈페이지형 블로그 개설하기

현재 블로그를 무료로 개설할 수 있는 사이트들은 매우 많지만, 홈페이지형 블로그를 운영하기 위해서는 에이블뉴스에서 개설할 수 있는 블로그를 적극 추천한다.

① 에이블뉴스(www.ablenews.co.kr)에서 회원가입을 한다.

② 메인페이지에서 [블로그]를 클릭한다.

③ [에이블 블로그]에서 아이디와 패스워드를 입력한 후에 [로그인]을 클릭한다.

④ [내 블로그 만들기]를 클릭한다.

[그림 7-1] 에이블 블로그 만들기

⑤ [그림 7-1]에서와 같이 5가지 정보를 입력한 후에 [완료]를 클릭하면 블로그가 생성된다.

ⓐ 블로그 이름

ⓑ 프로필 이미지

ⓒ 프로필 메모

ⓓ 상단글자색상

ⓔ 테마설정

⑥ [에이블 블로그]에서는 [그림 7-1]에서와 같이 새블로그, 인기블로그, 새포스트, 인기포스트, 인기태그, 블로그순위의 메뉴들이 있는데, 이러한 메뉴들을 효과적으로 활용하면 창업자의 블로그를 활성화시키는 데에도 많은 도움이 될 수 있다. 이를 위해서는 6가지의 메뉴들을 클릭한 후에 살펴보면서 어떻게 활용할 수 있는지를 파악하는 것이 필요할 것이다.

(3) HTML을 활용하여 포스트쓰기

홈페이지형 블로그를 만들기 위해서는 HTML을 이용하여 포스트쓰기를 해야 하는데, 그 절차는 다음과 같다([그림 7-2] 참조).

① [에이블 블로그]에서 [내 블로그가기]를 클릭한다.

② 블로그의 좌측에 있는 [포스트쓰기]를 클릭한다.

③ 카테고리를 선택한 후에 제목을 작성한다.

④ [HTML소스보기]를 클릭한 후에 HTML 명령어를 활용하여 판매하고 싶은 상품들을 메인페이지에 직접 등록하거나 다른 SNS 혹은 전자상거래 사이트에 등록되어 있는 상품들의 주문페이지에 대한 링크(link)를 제공하면 된다. 예를 들어, 에이블 블로그에서 옥션과 G마켓에 등록되어 있는 상품을 판매하려면 다음과 같이 하면 된다.

ⓐ 먼저 옥션 혹은 G마켓에 판매할 상품을 등록한다.

[그림 7-2] 포스트쓰기

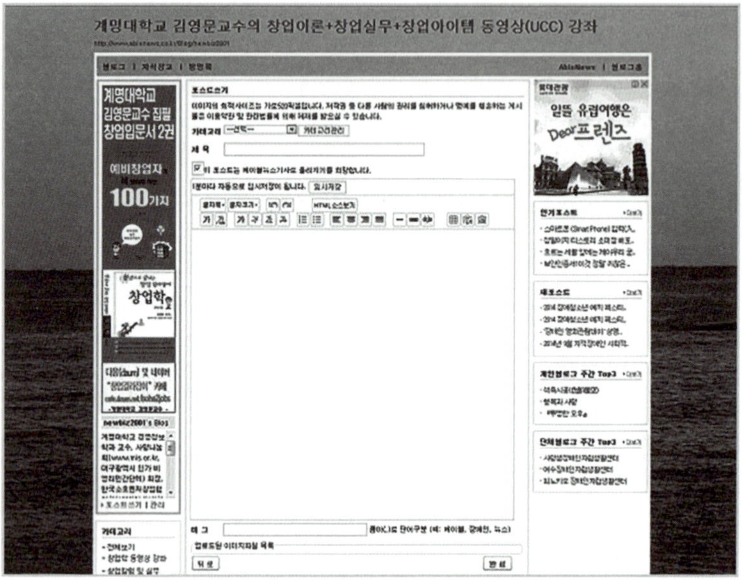

ⓑ 옥션 혹은 G마켓에 등록되어 있는 상품들의 이미지들을 이미지 호스팅 사이트에 등록한다(3장에 있는 "제3절 이미지 호스팅 사이트의 활용"을 참조)

ⓒ HTML 명령어를 이용하여 이미지 호스팅 사이트에 등록되어 있는 상품이미지를 불러와서 보여주고, 고객들이 상품이미지를 클릭했을 때에 옥션 혹은 G마켓에 등록되어 있는 상품의 주문페이지로 접속할 수 있도록 한다. 이를 위하여 먼저 이미지 호스팅 사이트에 등록되어 있는 상품이미지를

[에이블 블로그]에서 보여주기 위해서는 다음과 같은 형식의 HTML 명령어를 사용할 수 있으며, 이미지의 크기를 조정하여 보여주려고 하는 경우에는 width 및 height를 사용하면 된다.

```
<img src="http://이미지 호스팅 사이트에 등록된 상품이미지 주소"
 width="105" height="105">
```

또한, 상품이미지를 클릭했을 때에 옥션 혹은 G마켓에 등록되어 있는 상품의 주문페이지로 접속할 수 있도록 하기 위해서는 다음과 같은 형식의 HTML 명령어를 사용하면 된다.

```
<a href="http://옥션 혹은 G마켓의 상품구매 페이지 주소"
 target=win1>
  <img src="http://이미지 호스팅 사이트에 등록된 상품이미지
   주소">
</a>
```

⑤ [완료]를 클릭하여 HTML로 만들어진 포스트를 저장한다.

⑥ 메인포스트로 설정한다.

(4) 메인포스트 설정 및 관리

앞에서 HTML을 활용하여 작성한 포스트를 메인포스트로 설정을 하게 되면, 그 포스트는 홈페이지의 메인페이지와 같은 역할을 하게 된다.

① 블로그의 좌측의 [포스트쓰기] 옆에 있는 [관리]를 클릭한다.

② [그림 7-3]에서 [메인포스트설정]을 클릭한다.

③ 메인포스트로 설정하고 싶은 글(포스트)을 찾은 후에 [메인설정]을 클릭하면([그림 7-4] 참조), [그림 7-5]에서와 같이 에이

[그림 7-3] 에이블 블로그의 관리 화면

[그림 7-4] 메인 설정

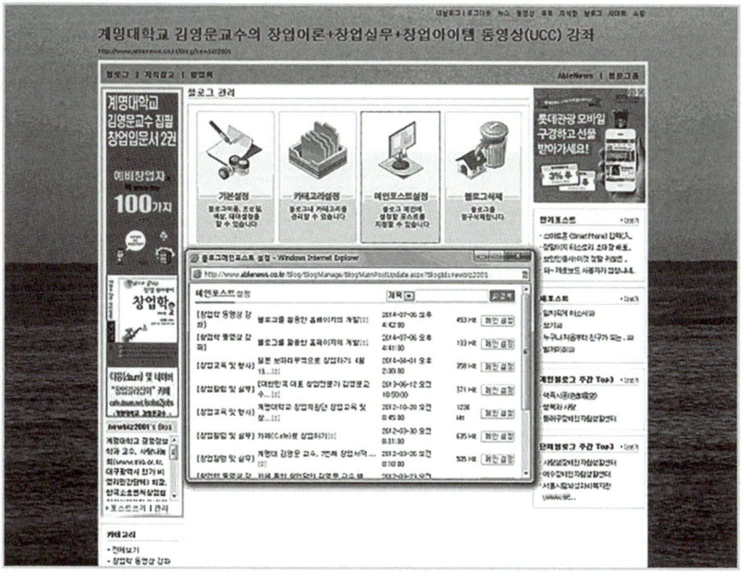

블 블로그의 메인화면에서 보이게 된다. [에이블 블로그]에서의 [메인 설정]이 블로그(blog)를 기존의 홈페이지 혹은 전자상거래 사이트와 같이 사용할 수 있게 하는 핵심 기술이라고 할 수 있으며, 이것을 활용하여 에이블 블로그에서도 인터넷창업이 가능하다.

[그림 7-5] 에이블 블로그의 메인화면

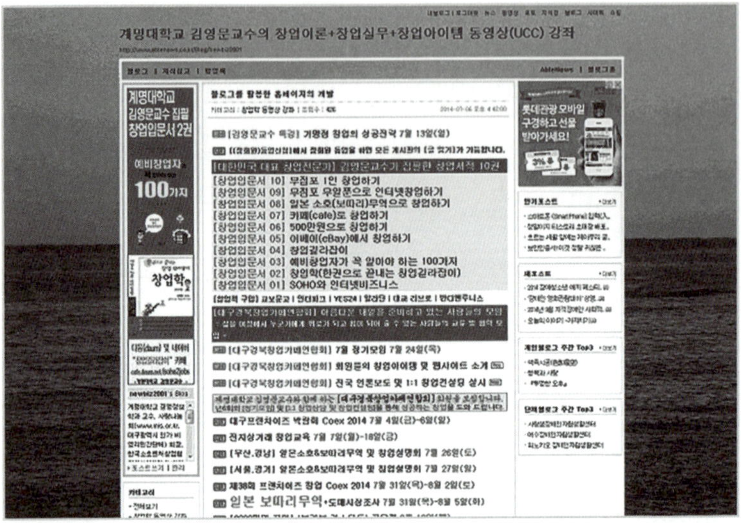

(5) 인터넷창업을 위한 홈페이지형 블로그의 활용

에이블뉴스(www.ablenews.co.kr)에서 무료로 제공하는 블로그를 활용하여 인터넷창업을 하기 위해서는 다음과 같은 것들을 고려해야 한다.

① 아이네임즈(www.inames.co.kr) 등의 사이트에서 도메인을 구입하여 에이블뉴스의 블로그 주소로 포워딩을 시킨다. 그렇게 하면, 긴 블로그 주소 대신에 www로 시작하는 인터넷 주소를 사용하여 고객들이 블로그로 바로 접속할 수 있도록 하는 것이

가능하다. 즉, 블로그를 인터넷창업을 위한 사이트로 활용하기 위해서는 도메인(인터넷주소)을 구입하여 활용하는 것이 필요하다는 것이다.

② 블로그의 메인포스트에서 기업이 상품을 판매하고 있는 여러 SNS로 접속이 가능하도록 HTML 문서를 만들면 되는데, 제3장의 〈제1절 HTML의 활용〉에서 설명한 아래 형식의 HTML 명령어를 활용하면 된다.

```
〈a href="https://band.us/band/70870679" target=win1〉
〈FONT COLOR=RED SIZE=3〉〈B〉스포츠신발〈/B〉〈/FONT〉
〈/a〉
```

③ 회사의 명함에는 아이네임즈(www.inames.co.kr)에서 구입한 도메인 및 블로그 주소를 동시에 인쇄하는 것이 필요하다.

④ 회사의 모든 구성원들에게 도메인 및 블로그 주소를 알려서 홍보하도록 한다.

⑤ 회사의 모든 구성원들이 블로그 및 회사에서 운영하고 있는 다양한 SNS에 자주 접속하도록 하며, 아울러 판매상품과 관련된 다양한 콘텐츠(텍스트, 이미지 및 동영상)을 자주 등록하도록 한다.

⑥ 블로그에 다양한 콘텐츠를 자주 등록하게 되면, [그림 7-1]에 있는 새블로그, 인기블로그, 새포스트, 인기포스트, 인기태그,

블로그순위에서 상위에 노출이 되게 될 것이다. 이로 인해서 블로그에 접속하는 사람들이 증가하게 될 것이며, 기업의 홍보효과는 더욱 증대될 것이다.

(6) 홈페이지형 블로그의 제작

블로그를 활용하여 기업의 홈페이지로 사용할 수 있도록 도와주는 전문기업들은 다음과 같으며, 단순한 블로그의 운영에서 벗어나서 인터넷창업의 기능을 접목한 블로그의 제작 및 운영이 절실히 요구되고 있는 실정이다.

① 소셜샵(www.socialshop.kr): 네이버 블로그를 활용하여 아래와 같은 6가지의 홈페이지형 블로그를 제작하고 있다.

ⓐ 블로그 스킨형

ⓑ 블로그 소셜탑형

ⓒ 블로그 스타형

ⓓ 블로그 골드형

ⓔ 블로그 홈페이지형

ⓕ 블로그 VIP맞춤제작형

② 디자인블러썸(blog.naver.com/kkims4242)

③ 애드스퀘어(adsquare2013.blog.me, www.adsquarekorea.com)

④ 플랜엠(blog.naver.com/plan7000)

⑤ 블로그위즈(blog.naver.com/blogwiz)

3. 블로그에서의 상품판매 및 결제

블로그에서 상품을 등록하고 판매하기 위해서는 블로그, 카페 등 SNS 마켓에 결제서비스를 제공하고 있는 유니크로(www.unicro.co.kr)의 거래프로세스를 활용하면 되는데([제3장 제4절 SNS에서의 다양한 결제 기능]을 참조), 유니크로에서는 블로그(웹 혹은 모바일)에서 고객들이 구매한 상품에 대해 신용카드, 실시간계좌이체 및 무통장 입금으로 결제를 할 수 있는 [주문링크]를 제공하고 있다.

한편, 네이버에서는 블로그에 판매물품에 대한 정보 제공, 네이버페이를 활용한 결제 기능, 배송 조회 등이 가능한 커머스 도구를 제공하기로 하고, 2021년 1월부터 사업자등록을 마친 블로그에 대해 블로그마켓의 적용을 확대하기로 했다(전자신문, 2020.12.01). 네이버의 블로그 마켓(blog.naver.com/blogpeople/222159630038)에서 자세한 내용을 확인할 수 있는데([그림 7-6] 참조), 결제내역과 배송상태는 네이버페이(Naver Pay)의 결제내역에서 실시간 조회가 가능하도록 하고 있다. 이에 따라 결제 기능이 설치되어 있는 블로그를 활용한 인터넷창업이 점차 활성화될 것으로 판단된다.

☞ [YouTube 채널: 김영문_travel_and_sbiz]

유튜브(YouTube)에 등록되어 있는 [블로그(blog)를 활용한 인터넷창업]과 관련된 동영상 강좌는 다음과 같은데, 저서와 동영상의 내용

[그림 7-6] 네이버의 블로그마켓

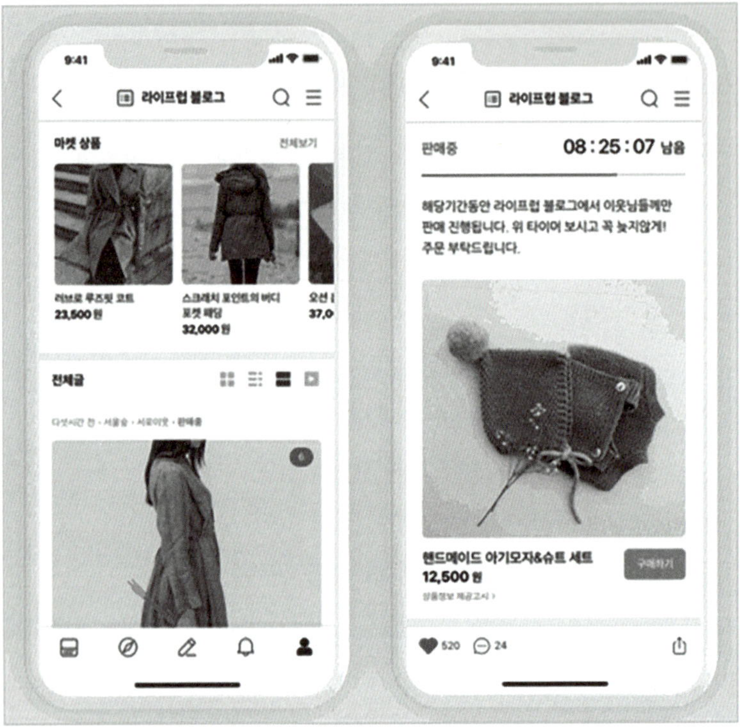

을 활용하면 블로그(blog)를 활용한 인터넷창업이 얼마든지 가능하다는 것을 확인할 수 있다.

① 블로그의 개발 및 운영

② 홈페이지형 블로그의 개발 및 운영

③ 블로그에서의 상품판매 및 결제

④ 인터넷홈페이지로서 블로그와 카페

제 8 장

유튜브(YouTube)를 활용한 인터넷창업

1. 동영상(UCC) 편집 프로그램
2. 무비메이커를 활용한 동영상(UCC) 만들기
3. 동영상 변환 및 용량 줄이기
4. 동영상(UCC)의 등록 및 홍보
5. 동영상(UCC)을 활용한 인터넷창업

유튜브(YouTube)를 활용한 인터넷창업은 동영상 편집프로그램을 활용하여 판매하고자 하는 상품에 관한 홍보동영상을 제작한 후에 유튜브에 등록을 하는 일련의 과정으로 진행되는데, 이를 위해서는 먼저 동영상(UCC)을 만들 수 있어야 한다.

한편, 세계 최고의 동영상 전문 사이트인 유튜브(YouTube)가 SNS라고 할 수 있는가 하는 것에 대해서는 다소 논란이 있을 수 있으나, 저자의 판단은 유튜브(YouTube) 또한 제2장에서 설명한 포괄적인 관점에서의 SNS에 포함될 수 있다고 판단한다.

① 포괄적인 관점에서 보면 유튜브(YouTube)를 활용하여 인맥을 형성하고 확장시킬 수 있기 때문에 SNS에 포함시킬 수 있다.

② 몇 년 전부터 유튜브(YouTube)에서 다양한 방법으로 수익을 올리고 있는 사람들이 크게 증가하고 있는데, 대부분 유형 혹은 무형의 상품을 판매하는 활동을 하고 있다.

③ 유튜브(YouTube)에 상품에 관한 홍보동영상을 등록한 후에 상품을 구매할 수 있는 전자상거래 사이트 혹은 SNS에 접속하도록 하는 것은 비교적 간단하다.

1. 동영상(UCC) 편집 프로그램

창업기업에서 고객들을 대상으로 홍보하고 싶은 것들을 동영상(UCC)으로 제작할 수 있도록 도와주는 편집 프로그램은 아래와 같이 다양하다.

① 곰믹스

② 알씨 동영상

③ 프리미어 프로(Premiere Pro)

④ 무비메이커(movie maker)

⑤ 모바비(Movavi)

⑥ VideoShow

⑦ 움짤

2. 무비메이커를 활용한 동영상(UCC) 만들기

유튜브(YouTube)에 상품판매를 목적으로 하는 홍보용 동영상을 등록하기 위해 무비메이커(movie maker)를 활용하여 동영상(UCC)을 제작하면 되는데([그림 8-1] 참조), 그 절차는 다음과 같다.

① [비디오 및 사진 추가]를 활용하여 비디오 및 사진을 추가한다.

② 사진은 [편집] – [재생시간]에서 재생시간을 조절한다.

[그림 8-1] 무비메이커

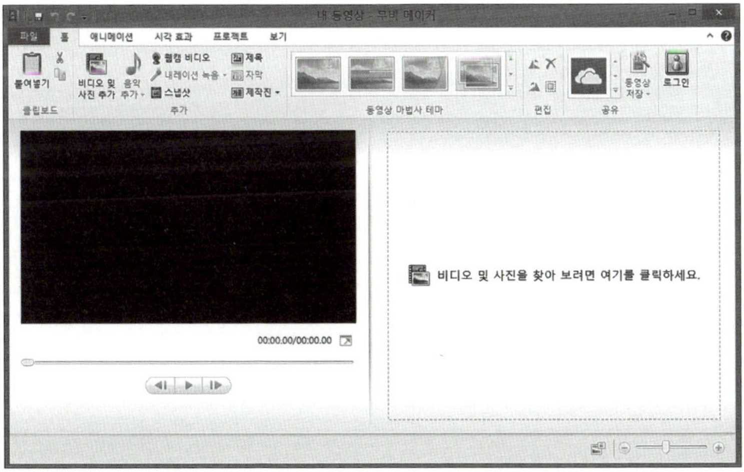

③ 동영상에 [제목], [자막] 및 [제작진]을 넣는다.

④ 기타 다양한 기능을 사용하여 동영상의 완성도를 높인다.

⑤ [프로젝트 저장(S)]를 클릭하여 동영상 프로젝트 파일을 저장해야 하는데, 나중에 수정 및 보완하기 위해서는 프로젝트 파일은 꼭 보관하는 것이 필요하다.

⑥ [동영상 저장]을 클릭한 후에 인터넷에 등록할 동영상을 컴퓨터용(C)으로 저장한다.

3. 동영상 변환 및 용량 줄이기

스마트폰으로 촬영한 mp4 파일의 동영상을 avi 파일의 동영상으로 변환하거나 무비메이커로 만든 동영상(UCC)의 용량을 줄일 때에는 팟인코더(Pot Encoder)를 활용하면 되는데, 팟인코더(Pot Encoder)는 다음(Daum)에서 무료로 다운받을 수 있다([그림 8-2] 참조). 아울러 팟인코더는 긴 영상에서 필요한 부분만 자르거나 여

[그림 8-2] 팟인코더

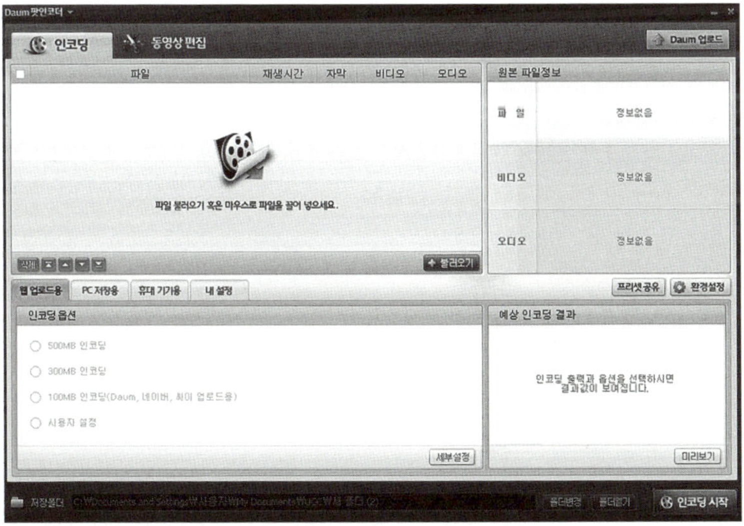

러 개의 영상을 합치고 싶을 때, 또 동영상의 앞뒤에 오프닝과 엔딩을 삽입할 수도 있는 기능도 제공하고 있다(케이벤치 2010.2.23).

한편, 팟인코더의 특성 및 유의사항은 다음과 같다.

① 여러 개의 동영상을 불러서 한꺼번에 용량을 줄일 수 있다.

② 인코딩 옵션에서 "100M인코딩"을 선택해야 한다.

③ 저장 폴더에서 인코딩된 동영상을 저장할 폴더를 지정해야 한다.

4. 동영상(UCC)의 등록 및 홍보

SNS에서 판매하고자 하는 상품을 홍보하기 위해 제작이 완료된 동영상(UCC)은 아래에서와 같이 다양한 사이트에 등록할 수 있는데, 많은 사람들이 접속하거나 검색하는 웹 사이트에 등록하는 것이 효과적이다.

① **다음(www.daum.net)**: tv팟(tvpot.daum.net), 카페(cafe), 블로그(blog) 등에 등록하면 된다.

② **네이버(www.naver.com)**: 카페(cafe), 블로그(blog) 등에 등록하면 된다.

③ **유튜브(www.youtube.com)**: 유튜브에 동영상을 등록한 후에 Your channel(오른편 상난에 있는 channel icon을 클릭하면 있음)을 클릭하면 본인이 등록한 모든 동영상들을 확인할 수 있다([그림 8-3] 참조).

④ **판도라TV(www.pandora.tv)**

⑤ **SNS**: 트위터(www.twitter.com), 페이스북(www.facebook.com) 등에 등록한다.

⑥ **기타**: 홍보를 위해 제작된 동영상을 등록할 수 있는 다양한 사이트에 등록한다.

[그림 8-3] 유튜브의 Your channel

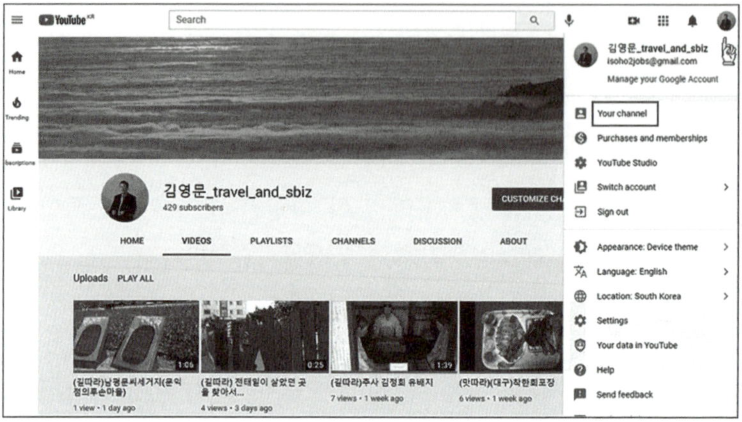

한편, 유튜브(YouTube)에 등록한 동영상은 아래와 같은 방법으로 SNS 혹은 다양한 웹사이트에 공유(share)를 할 수 있는데([그림 8-4] 참조), 상품을 판매하는 인터넷창업의 목적으로 제작된 동영상은 우선 유튜브에 등록한 후에 다양하게 활용할 수 있다.

① [Embed]를 클릭한 후에 Embed Video의 소스를 복사(Ctrl+C)하여 HTML 명령어를 사용할 수 있는 SNS 혹은 다양한 웹사이트에 붙여넣기(Ctrl+V)를 할 수 있다. 또한 소스 내에 있는 동영상의 크기(width=“560” height=“315”)를 조절하여 붙여넣기(Ctrl+V)를 할 수도 있다.

② [그림 8-4]에 있는 COPY를 클릭한 후에 동영상의 소스(https://youtu.be/js3bEBLzTrg)를 원하는 SNS 혹은 다양한 웹사이트

[그림 8-4] 유튜브 동영상의 공유

트에 붙여넣기(Ctrl+V)를 할 수 있다.

③ [그림 8-4]에서 확인할 수 있는 Facebook, Twitter, 카카오스토리 등의 사이트를 클릭한 후에 동영상을 공유할 수 있다.

5. 동영상(UCC)을 활용한 인터넷창업

(1) 동영상(UCC)을 활용한 홍보

동영상(UCC)을 제작하거나 등록하는 과정에서 홍보 효과를 높이기 위해서 고려해야 할 점들은 아래와 같다.

① 동영상(UCC) 내에 회사의 주소, 전화번호 및 상품을 구매할 수 있는 전자상거래 사이트의 주소 등을 하나의 사진(이미지)로 만들어서 추가시키는 것이 좋으며, 사진(이미지)의 재생시간은 2~3초로 설정하여 메모할 시간이 충분하도록 설정하는 것이 필요하다.

② 앞에서 제시한 다양한 웹사이트에 등록한 동영상(UCC)의 설명부분(Comments)에 기업의 웹사이트 주소를 포함시키는 것은 웹사이트의 홍보 및 접속에 많은 도움이 될 수 있다. 한편, 상품판매를 목적으로 하는 동영상(UCC)을 제작하는 경우에는 상품을 구매할 수 있는 SNS의 구체적인 주소를 동영상(UCC)의 설명부분(Comments)에 입력하는 것이 상품판매에 많은 도움이 될 수 있을 것이다.

③ 최대한 많은 수의 동영상(UCC)을 제작하고 등록하는 것이 홍보의 효과를 높일 수 있는데, 이를 위해 10분 분량의 동영상

한 개를 2~3분 분량의 4~5개의 동영상으로 제작하여 동영상(UCC)의 수를 늘리는 것도 생각할 수 있다.

④ 동영상을 등록한 웹사이트에서 동영상별 플레이(play) 수를 조사하여 어떤 동영상을 많이 보았는지를 분석하는 것은 향후 추가적인 동영상을 제작하는 데 도움이 될 수 있다.

⑤ 동영상을 카카오톡(KakaoTalk)을 활용하여 전송할 수도 있는데, 팟인코더(Pot Encoder)를 활용하여 20M 이하로 용량을 줄이면 얼마든지 전송이 가능하다.

⑥ 요약하면, 동영상(UCC)을 활용한 홍보는 상품판매로 연결될 수 있도록 제작하고 관리하는 것이 필요하며, 너무 긴 동영상의 경우에는 끝까지 구독하지 않을 수도 있다는 것을 고려해야 한다.

(2) 동영상(UCC)을 활용한 상품판매

특정 상품을 홍보하면서 판매하는 목적으로 제작된 동영상(UCC)은 두 가지의 방법으로 인터넷창업을 할 수 있다. 첫째, 동영상(UCC) 내에 상품을 구매할 수 있는 SNS 혹은 전자상거래 사이트의 이름 및 주소를 포함시킬 수 있는데, 제목, 자막 혹은 제작진 부분을 활용하여 주소를 입력할 수 있다.

둘째, 홍보를 하고 싶은 상품들을 동영상(UCC)으로 제작하여 유튜브(www.youtube.com)에 등록한 후에 상품을 판매하는 전자상거래 혹은 다른 SNS의 상품구매 페이지의 주소를 해당 동영상(UCC)

[그림 8-5] 유튜브에 등록한 동영상을 연계한 상품판매

의 댓글(Comments)로 등록하면 된다([그림 8-5] 참조). 즉, 유튜브에서 특정 상품을 홍보하는 동영상을 본 고객이 댓글(Comments)에 있는 전자상거래 사이트 혹은 다른 SNS의 상품구매 페이지로

바로 접속하여 상품을 구매할 수 있도록 할 수 있다.

(3) 라이브 방송을 활용한 상품판매

동영상(UCC)을 활용한 인터넷창업에서 한 가지 더 생각해 볼 것은 라이브 방송(live broadcast)을 활용한 상품판매라고 할 수 있는데, TV홈쇼핑의 개념을 웹(web)에서 활용하는 방식이라고 생각하면 된다. 사실, 국내에서는 코로나19의 영향으로 인해 대부분의 초·중·고등학교 및 대학교에서도 동영상을 활용한 비대면 수업이 활발하게 진행되면서, 다양한 라이브 방송 혹은 실시간 학습이 가능한 시스템이 아래와 같이 개발 및 출시되고 있는 실정이다.

① [2020 신학기 밴드 캠페인]을 진행한 네이버 밴드의 경우에는 '라이브 방송'으로 실시간 강의도 가능하도록 지원하고 있는데(한국경제, 2020.4.16), 이것을 활용하면 라이브 방송을 활용한 상품판매가 가능하다.

② 카카오톡은 40명이 동시에 실시간 강의를 시청할 수 있는 '라이브톡' 서비스를 지원하고 있는데(뉴스토마토, 2020.4.9), '라이브톡'은 소규모 고객들을 대상으로 상품을 홍보하고 판매할 수 있도록 활용될 수 있다.

③ 유튜브를 활용하면 다수의 영상과 실시간 방송을 활용하여 라이브 커머스(live commerce)가 가능한데(에너지경제, 2021.1.13), 이것은 같은 시간에 하나의 방송밖에 할 수 없는 홈쇼핑 채널의

단점을 획기적으로 극복할 수 있다.

☞ [YouTube에서 상품을 판매하여 수익 창출하기] 유튜브의 Creator Academy(creatoracademy.youtube.com/page/home)에서 [카탈로그]-[수익과 비즈니스]를 클릭한 후에 [상품을 판매하여 수익 창출하기]에 대하여 자세하게 설명하고 있다.

① 강의 1(훌륭한 상품 만들기)

② 강의 2(가치를 더하는 상품)

③ 강의 3(판매를 위한 계획)

☞ [YouTube를 활용한 인터넷창업의 사례]

① 애니플러스(www.youtube.com/c/ANIPLUSINC)에서는 일본의 애니메이션을 애니플러스(www.aniplustv.com)와 연계시켜서 콘텐츠 유통 사업과 상품화 사업을 진행하고 있다.

② 박막례 할머니(www.youtube.com/watch?v=BnmL_KbnStE)는 핫팩을 더블유라이트 사이트와 연계시켜서 판매하고 있다(조선일보, 2020.7.1).

☞ [YouTube 채널: 김영문_travel_and_sbiz]

유튜브(YouTube)에 등록되어 있는 [유튜브(YouTube)를 활용한 인터넷창업]과 관련된 동영상 강좌는 다음과 같다.

① 무비메이커(Movie Maker)를 활용한 동영상(UCC) 만들기

② 홍보동영상(UCC)을 조금 더 잘 만들기

③ HTML, 동영상UCC 및 YouTube의 종합 활용

제 9 장

기타 SNS를 활용한 인터넷창업

1. 트위터(twitter)
2. 텀블러(tumblr)
3. 마스토돈(mastodon)
4. 인스타그램(www.instagram.com)
5. 카카오스토리(story.kakao.com)
6. 메이버스(www.maybugs.com)

앞에서 다양한 종류의 SNS사이트들을 소개하면서 홍보와 광고 그리고 상품판매를 할 수 있는 방법을 설명하였지만, 스마트폰의 급속한 확산으로 인해 SNS사이트 또한 다양하게 활용 및 확산이 되고 있는 실정이다. 또한 SNS를 활용한 상품판매에 관심을 갖고 있는 네티즌들이 점차 증가하면서 기존 SNS에 상품판매의 기능을 추가하는 경우도 점차 늘어나고 있는 실정이며, 제3장 [제4절 SNS에서의 다양한 결제 기능]에서 설명한 결제 기능을 활용하여 상품판매를 하면 된다.

1. 트위터(twitter)

트위터(twitter)는 블로그의 인터페이스(interface)와 미니홈페이지의 친구 맺기 기능, 메신저 기능을 한데 모아놓은 소셜 네트워크 서비스(Social Network Service; SNS)로서 2006년 7월 서비스를 시작하였다(네이버 용어사전, terms.naver.com). 트위터의 주요 기능은 다음과 같으며, 구체적인 사용 방법은 트위터 사용(help.twitter.com/ko/using-twitter)에서 확인할 수 있다([그림 9-1] 참조).

① **팔로잉**(following): 상대방의 동의 없이 내가 원하는 사람들을 친구로 추가하여 그 사람이 등록한 글 혹은 사진들을 볼 수

[그림 9-1] 트위터

있다.

② **팔로워**(followers): 나의 소식을 전해 듣고자 하는 사람이 나를 친구로 추가하는 것을 말한다.

③ **트윗하기**: 기존에는 140자 이내의 단문과 더불어 사진, 동영상 등을 등록할 수 있었다. 하지만, 2017년 11월 7일부터 280자 확장을 전 세계에 순차적으로 적용했다. 그러나 아직도 한국어, 일본어, 중국어는 140자 그대로이다.

④ **리트윗**(RT): 트위터의 가장 대표적인 기능이라고 할 수 있으며, 다른 사람이 등록한 글들을 나의 팔로워(followers)들에게 공유하는 기능이다.

한편, 트위터(twitter)를 활용하여 인터넷창업을 할 때에 생각해야 할 것은 다음과 같다.

① 판매하고자 하는 상품의 사진 및 동영상을 첨부할 수 있다.

② 트위터에 상품을 등록할 때마다 해시태그(#)를 활용함으로써 조회 수가 증가되도록 할 수 있다.

☞ [트위터의 효과적인 활용] 정봉순의 스마트 라이프(http://jsblab.com/30088404899)에는 트위터의 활용에 필요한 유익한 정보가 있다.

☞ [트위터를 활용한 인터넷창업의 사례]

① 신나라레코드(twitter.com/synnararecord)에서는 음반 관련 상품을 신나라레코드 앱(m.synnara.co.kr)과 연동시켜서 판매하고 있다.

② 이딴가게(twitter.com/ittanstore)에서는 피규어(figure) 제품들을 이딴가게(ittanstore.com)와 연동시켜서 판매하고 있다.

③ 애니플러스(twitter.com/ANIPLUSTV)에서는 일본의 애니메이션을 애니플러스(www.aniplustv.com)에서 연계시켜서 콘텐츠 유통 사업과 상품화 사업을 진행하고 있다.

2. 텀블러(tumblr)

텀블러(www.tumblr.com)는 쉽고 간단하게 블로그를 만든 뒤 글이나 사진을 친구와 공유할 수 있게 하는 단문 블로그 서비스로, 2007년 데이비드 카프(David Karp, 미국의 웹 개발자이자 사업가)가 설립했다. 트위터처럼 이용자들끼리 팔로우(follow) 하면 서로가 올린 새로운 게시물을 바로 확인할 수 있다([그림 9-2] 참고).

텀블러는 마이크로 블로그 사이트에 소셜 기능을 접목한 서비스로 평가받고 있는데, 그래서 SNS와 일반 블로그(blog)의 중간 형태로 통한다. 바로 이런 특성 때문에 텀블러는 이용자 취향에 따라 블로그로 사용할 수도 있고 페이스북이나 카카오스토리처럼 SNS로 사용할 수도 있다(네이버 지식백과, terms.naver.com.).

한편, 2013년 6월에는 인터넷 포털 야후가 무려 11억 달러(약 1조 2,246억 원)에 텀블러를 인수했는데(한경비즈니스, 2013.7.5), 인터넷창업자들이 알아야 하는 텀블러(tumblr)의 주요 특징을 살펴보면 다음과 같다(blog.naver.com/serenbip).

① 텀블러는 블로그, 페이스북, 트위터 등 다양한 온라인 서비스의 특징 및 장점을 결합시켜 놓은 SNS이다.

② 텀블러의 메뉴들은 ‘간단’ 또는 ‘단순’ 그 자체이다.

③ 텀블러의 기본 설정 메뉴는 아래와 같으며, 가끔 변경 및

[그림 9-2] 텀블러

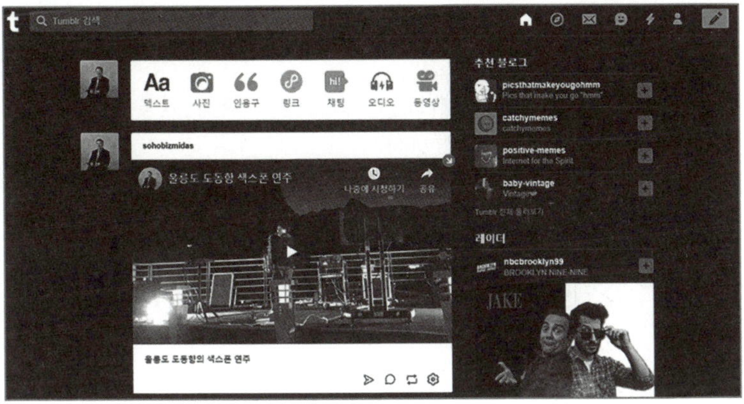

이동이 되기도 한다.

ⓐ Account: 계정정보(로그인 정보: 이메일, 패스워드)를 관리하고 포스팅을 할 때에 사용할 에디터 및 언어를 선택한다. 또한 텀블러 계정을 삭제하고, 무시(ignore)할 사용자를 관리할 수 있다.

ⓑ Dashboard: 풀 사이즈 사진, 알림(notification), 팔로워 알림, 좋아하는 포스트 공유 등의 Dashboard와 관련된 기능을 설정한다. 일반적으로 7가지 항목을 모두 체크하여 사용해도 큰 문제가 없으며, 사용자가 원하는 설정으로 변경도 가능하다.

ⓒ Email: 새로운 팔로워(followers), 새로운 응답(replies), 새로

운 메시지(messages)를 받았을 때에 안내 메일 수신여부를 설정한다.

ⓓ Apps: Flickr(플리커), tumblr for Android, Vimeo와 같이 다양한 서비스(Apps)와 tumblr 서비스의 연결을 관리한다.

한편, 텀블러에서의 상품을 판매하기 위해서는 [그림 9-3]과 같이 상품이미지를 등록한 후에 아래에 상품을 구매할 수 있는

[그림 9-3] 텀블러에서의 상품판매

전자상거래 사이트 혹은 SNS의 상품구매 페이지의 주소를 포함시키면 된다. 즉, 아직은 텀블러에 상품을 판매할 수 있는 기능이 없기 때문에 다른 전자상거래 사이트와 연계하는 것이 필요하다.

3. 마스토돈(mastodon)

마스토돈(www.mastodon.social)은 유럽에서 큰 인기를 얻고 있는 소셜 네트워크 서비스(SNS)이며, 트위터의 경우 280자 제한이 있으나 마스토돈은 500자까지 작성할 수 있다는 장점이 있다([그림 9-4] 참고). 한편, 인터넷창업자들이 알고 있어야 하는 마스토돈(mastodon)의 특징은 다음과 같은데, 트위터 등과 같은 다른 SNS와 비교될 수 있는 차이점이 있다(blog.naver.com/geekpride87).

① 트위터에서는 280자까지만 쓸 수 있는 반면에, 마스토돈에서는 500자까지 작성할 수 있다.

② 트위터에 글을 쓰는 것을 "트윗"(Tweet)한다고 하는데, 마스토돈에서는 "툿"(Toot)한다고 한다.

③ 인스타그램, 페이스북, 유튜브 등 모든 SNS는 중앙 서버가 있지만, 마스토돈은 중앙 서버가 없다. 대신 유저들이 직접 만들어내는 서버가 많다. 이렇게 마스토돈에서 사용자들이 만들어내는 서버들을 인스턴스(instance)라고 한다.

한편, 마스토돈의 사용법에 대해서는 위키독(ko.discord.wikidok.net)에서 검색하여 살펴볼 수 있다. 특히 게시물 작성하기에서 이미지의 등록에 대해 설명하고 있는데, 판매하고 싶은 상품 이미

[그림 9-4] 마스토돈

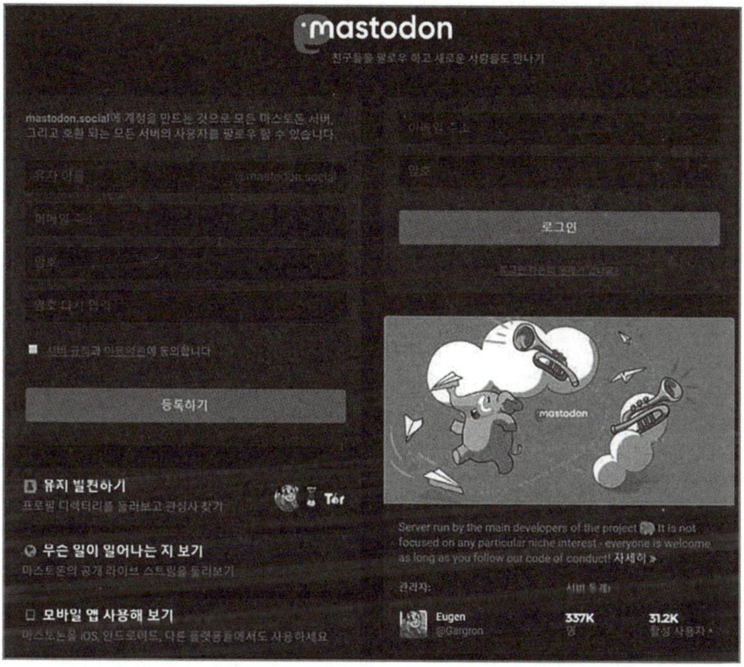

지의 제작 및 등록을 위해 활용할 수 있다.

4. 인스타그램(www.instagram.com)

인스타그램(Instagram)은 친구 혹은 가족과 사진, 동영상 및 메시지를 간편하고 재미있게 캡처, 수정 및 공유할 수 있도록 지원하는데, 이를 통해 인맥을 형성하고 교류할 수 있다. 또한 고객센터(help.instagram.com)에 접속하면 [Instagram 사용]에서부터 [비즈니스용 Instagram]에 대해 구체적으로 안내하고 있는데, 인스타그램을 페이스북 페이지와 연동시켜서 상품판매를 할 수 있도록 지원하고 있다. 자세한 것은 INSTAGRAM 쇼핑(business.instagram.com/shopping)의 [설정 가이드]에서 확인할 수 있다([그림 9-5] 참고).

[그림 9-5] INSTAGRAM 쇼핑

5. 카카오스토리(story.kakao.com)

카카오스토리(KakaoStory)는 2012년 3월 20일에 카카오에서 서비스를 출시한 사진 공유를 기반으로 하는 SNS이다. 기존 SNS 서비스인 트위터(twitter)나 페이스북(facebook)이 문자 중심의 SNS라고 한다면, 카카오스토리는 텀블러(tumblr)와 인스타그램(instagram)을 의식한 듯한 사진 중심의 SNS라고 할 수 있다.

일반적으로 카카오스토리에서는 이미지를 업로드(upload)하지만 글 작성도 물론 가능한데, 스토리채널(ch.kakao.com)에서 판매자가 구매자들에게 상품을 소개하면서 판매하는 것이 가능하다. 또한 스토리채널에서 별도의 심사를 거쳐서 비즈니스채널로 인증을 받게 되면 아래와 같이 5가지 혜택이 있어 비즈니스의 활성화에도 도움이 될 수 있다(m.blog.naver.com/hksns/221762597168).

① 인증마크
② 검색 상위 노출
③ 노출 기회 추가 제공
④ 비즈니스 메시지 사용 가능
⑤ 카카오 싱크 사용 가능

6. 메이벅스(www.maybugs.com)

메이벅스(maybugs)는 다양한 정보와 유용한 콘텐츠를 공유하는 콘텐츠 보상 플랫폼(platform)이라고 할 수 있는데, 누구나 관심사에 대한 포스팅 및 댓글 활동을 하는 것만으로도 코인(벅스, bugs) 보상이 주어지는 특징이 있다. 또한 메이벅스에서는 본인의 활동 내역을 토큰 지갑(token wallet)에서 확인할 수 있으며([그림 9-6] 참조), 다음과 같이 다양하게 사용할 수 있다.

① 본인이 보유하고 있는 코인을 활용하여 메이벅스몰(maybugs-mall.com)에서 상품을 구매할 때에 구매금액의 30%를 사용할 수 있다.

② 코인을 현금으로 지급받을 수 있는데, 3만 코인을 현금 2만 원으로 받을 수 있다.

③ 코인을 암호화폐로 교환할 수 있는데, 이것은 비정기적인 이벤트를 통해 진행된다.

☞ [SNS에서의 상품판매 및 결제] 제3장 [제4절 SNS에서의 다양한 결제 기능]에서 설명한 결제 기능을 사용하여 얼마든지 상품판매가 가능하다.

[그림 9-6] 메이벅스의 토큰 지갑

김영문님의 토큰 지갑 (Token Wallet)	
(일반포스트+슈퍼포스트)	120600 + 109500
포스트조회수	50164
내가 받은 추천	9450
내 포스트 댓글	19890
내가 작성한 댓글	8472
각종 보너스& 차감	-103446
후원받은 금액	29200
후원가능 금액	5000
나의 사용금액(차감)	23500
합계	220330

☞ [YouTube 채널: 김영문_travel_and sbiz]

유튜브(YouTube)에 등록되어 있는 [기타 SNS를 활용한 인터넷창업]과 관련된 동영상 강좌는 다음과 같다.

① 트위터(twitter)

② SNS로서 마스토돈(mastodon)의 이해와 활용

③ 메이벅스(maybugs)의 이해와 활용

제 10 장

SNS를 활용한 인터넷창업의 성과 높이기

1. SNS 사이트의 상호 연결
2. SNS 상품판매 사이트의 주소를 포함
3. 홍보메일 및 문자의 발송
4. 소셜커머스의 활용
5. 앱(app)과 연계한 인터넷창업
6. 키워드 광고를 활용한 SNS의 인지도 향상
7. 언론을 활용한 SNS 홍보
8. 상가책자 및 생활정보지를 연계한 홍보 및 광고
9. 오픈마켓에서 샵(shop)을 운영하기

SNS 를 활용하여 다양한 홍보 및 광고를 효과적으로 진행하면서, 동시에 상품판매의 성과를 높이기 위한 방법들은 다음과 같다.

1. SNS 사이트의 상호 연결

SNS를 활용하여 상품판매의 성과를 극대화시키기 위해서는 [그림 10-1]과 같이 여러 종류들의 SNS 사이트들을 상호 연결(link) 시킬 수 있는 메인(main) 사이트 혹은 시작페이지를 선정한 후에 기업의 홍보, 광고 및 상품판매를 담당하는 여러 SNS 사이트들을 HTML 명령어로 연결하여 상호 연동될 수 있도록 하는 것이 중요하다.

예를 들어, [그림 10-1]에서 Daum 카페를 메인(main) 사이트 혹은 시작페이지로 결정하였다면, 시작페이지에서 페이스북에서 개설한 판매/구매 그룹인 [대구경북마트]로 링크시키기 위해서는 다음과 같은 HTML 명령어를 사용하면 된다([그림 10-2] 참조).

```
〈a href="https://www.facebook.com/groups/1780564778854956"
 target="_blank"〉
〈font color=blue〉〈b〉facebook(대구경북마트)〈/b〉〈/font〉
〈/a〉
```

[그림 10-1] SNS를 활용한 홍보, 광고 및 상품판매의 연결 구조도

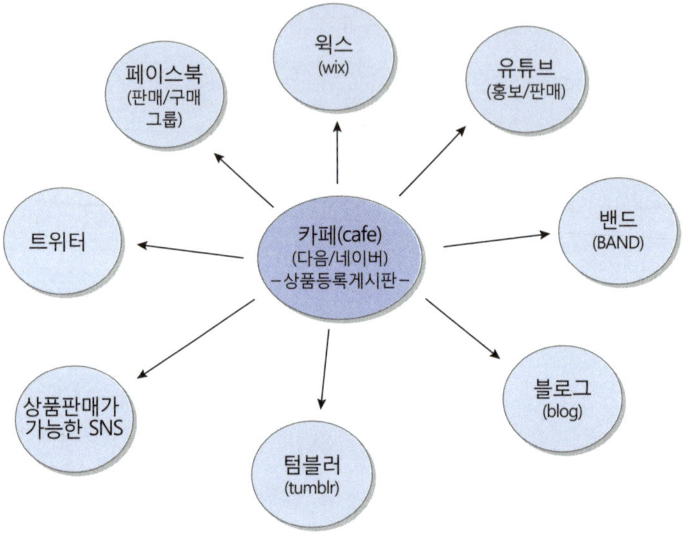

한편, [그림 10-1]과 같이 메인(main) 사이트를 중심으로 상품을 판매하는 여러 SNS를 HTML 명령어를 활용하여 상호 연동시키는 구조로 운영하는 것은 여러 가지의 장점이 있다.

① SNS를 활용한 인터넷 창업자의 입장에서는 메인(main) 사이트에 대한 홍보 및 광고를 집중시킬 수 있어 비용 및 시간의 절감 효과를 기대할 수 있다. 즉, 네이버, 다음(Daum), 구글 등의 포털사이트에서 메인(main) 사이트에 대한 키워드 광고를 집중적으로 진행하면, 메인 사이트에서 연동되어 상품을 판매하고 있는 다른 SNS에 대한 노출 및 접속을 동시에 증가시킬 수 있다.

[그림 10-2] facebook의 판매/구매 그룹 [대구경북마트]

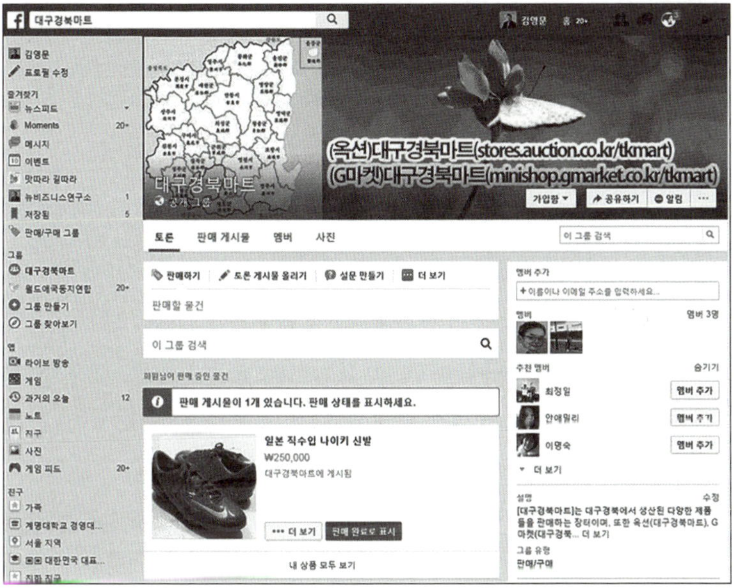

② 메인(main) 사이트에 접속한 고객은 본인이 구매를 원하는 SNS에 접속하여 상품을 구매할 수 있는 선택권을 부여함으로 인해서 고객의 만족도를 높일 수 있다. 즉, 상품을 판매할 수 있는 SNS는 매우 다양하지만 한 사람의 고객이 선호하는 SNS는 많지 않다는 것이며, 이에 따라 고객이 상품구매를 위해 접속하고 싶은 SNS에 대한 선택권을 부여하는 것이 필요하다는 의미이다.

③ 상품의 판매를 위해 다양한 SNS를 사용하고 있다고 하더라도 상품의 등록 및 관리가 비교적 용이하다는 장점이 있다.

2. SNS 상품판매 사이트의 주소를 포함

평소에 자주 접속하는 웹사이트에 콘텐츠(텍스트, 이미지, 동영상)를 등록할 때에는 반드시 창업자가 상품을 등록하여 판매하고 있는 SNS 사이트의 주소를 함께 등록하는 습관을 가지는 것이 필요하다. 예를 들어, 페이스북(www.facebook.com)에서 다양한 주제의 콘텐츠를 등록할 때에도 창업자가 운영하고 있는 SNS 사이트의 주소를 포함시키게 되면 콘텐츠를 확인한 페이스북 친구들이 창업자의 SNS 사이트에 접속할 수 있을 것이다.

또한 [그림 10-3]과 같이 유튜브(www.youtube.com)에 동영상(UCC)을 등록할 때에도 코멘트(Comments, 공개 댓글)에 상품을 등록하여 판매하고 있는 SNS 사이트 주소를 포함시키는 것도 SNS 사이트의 홍보, 접속 및 상품판매에 많은 도움이 된다. 코멘트(Comments, 공개 댓글)에 등록되어 있는 SNS 사이트 주소를 클릭하면 상품을 구매할 수 있는 SNS 사이트로 바로 접속이 될 수 있으며, 이를 통하여 홍보, 광고 및 상품판매의 성과를 거둘 수 있다.

한편, 상품을 등록하여 판매하고 있는 SNS 사이트 주소를 코멘트(Comments, 공개 댓글)에 등록한 후에 코멘트(Comments, 공개 댓글)를 고정(pin), 수정(edit), 삭제(delete)할 수 있다([그림 10-4]

[그림 10-3] 유튜브

참조). 예를 들어, 코멘트(Comments, 공개 댓글)를 고정(pin)하게 되면, 다른 사람들이 코멘트(Comments, 공개 댓글)를 아무리 많이 등록하더라도 상품을 판매하고 있는 SNS 사이트 주소를 제일 상단에 항상 고정시킬 수 있기 때문에 홍보 및 판매 효과를 높일 수 있다.

[그림 10-4] 유튜브에서의 댓글 고정

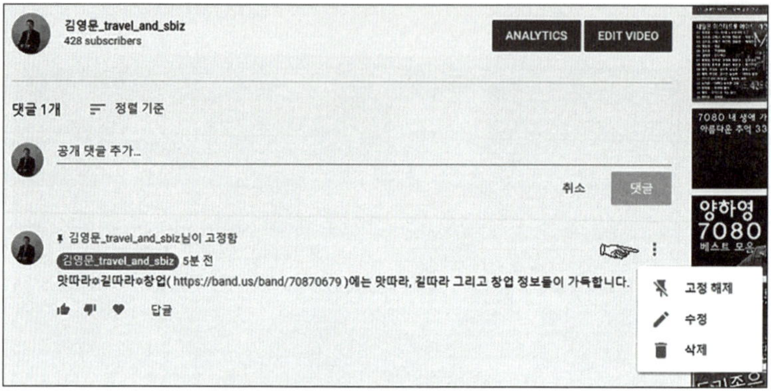

3. 홍보메일 및 문자의 발송

요즈음은 이메일 발송 및 휴대폰 문자메시지를 통해 홍보 혹은 광고를 진행하는 경우가 많은데, 수 백개 혹은 수 천개 이상의 이메일과 문자를 발송하기 위해서는 아래의 사이트들을 활용할 수 있다. 또한 다음(Daum) 혹은 네이버(Naver)에서 검색을 하면, 대량의 메일 혹은 문자를 발송할 수 있는 사이트들을 쉽게 찾을 수 있다.

① 문자세상(www.sms010.co.kr)

② 문자달인(www.mdalin.co.kr)

③ 문자나라(www.munjanara.co.kr)

④ 메일플러그(www.mailplug.com)

⑤ 포스트맨 메일발송(TAS www.tason.com)

⑥ 마이제닉(www.myzenic.com)

한편, 이메일 및 휴대폰 문자메시지를 전송할 때에 고려해야 할 사항들은 다음과 같다.

① 이메일 및 휴대폰 문자메시지를 전송할 때에 창업자가 상품을 판매하고 있는 SNS에 접속해 보고 싶도록 하기 위한 혜택 혹은 보상이 포함되어야 한다. 예를 들어, 할인, 포인트 부여, 무

료 배송 등의 혜택을 반드시 포함시키는 것이 필요하다.

② SNS에서 판매하고 있는 상품을 구매할 수 있는 목표 고객(target customer)을 선정하여 이메일 및 휴대폰 문자메시지를 발송하는 것이 필요하며, 무차별적인 배포는 오히려 부정적인 이미지를 심어줄 수도 있다.

③ 이메일 및 휴대폰 문자메시지에 상품을 판매하고 있는 SNS의 주소를 포함시키는 것이 필요한데, 가급적이면 인지도가 높으면서 많은 사람들이 사용하는 SNS가 적당할 것이다. 또한 메인(main) 사이트 혹은 시작페이지로 사용되고 있는 SNS라면 그 효과는 더욱 클 것인데, 메인 사이트에서 연동되어 있는 다른 SNS에 대한 접속을 증가시키는 데 도움이 될 수 있다.

4. 소셜커머스의 활용

소셜커머스(Social commerce)는 페이스북, 트위터 등의 소셜 네트워크 서비스(SNS; Social Network Service)에서의 홍보와 광고를 통해 이루어지는 전자상거래의 일종으로, 일정 수 이상의 구매자가 모일 경우 파격적인 할인가로 상품을 제공하는 판매 방식이다. 소셜 쇼핑(Social shopping)이라고도 하는데, 상품의 구매를 원하는 사람들이 할인을 성사시키기 위하여 공동구매자를 모으는 과정에서 주로 소셜 네트워크 서비스를 이용하기 때문에 이런 이름이 붙었다(네이버 지식백과, terms.naver.com).

국내 소셜커머스는 2010년에 티켓몬스터(www.ticketmonster.co.kr)를 시작으로 쿠팡(www.coupang.com), 위메프(www.wemakeprice.com) 등이 출범하였으며, 출범 초기에 500억원 규모에 불과했던 소셜커머스 업계의 거래액 규모는 2014년에는 3조원 규모까지 급성장하였으며(뉴스핌, 2014.08.21), 2015년에는 8조를 돌파하였다. 이에 따라 상품의 판매뿐만 아니라 홍보와 광고를 위해서 소셜커머스는 매우 중요한 역할을 담당하게 되었는데, 소셜커머스에는 많은 사람들이 접속하기 때문에 홍보의 효과가 상당히 크다고 할 것이다.

또한 소셜커머스에 상품을 등록하기 위해서는 일정 비용을 지불해야 하는데, 이것은 소셜커머스를 광고 상품의 일종으로 생각해도 무리가 없을 것이다. 즉, 소셜커머스에서 비록 상품이 판매되지 않더라도 상품을 지속적으로 등록하다보면, 홍보와 광고 효과는 상당할 것이다. 또한 소셜커머스를 활용하여 상품을 판매하고 있는 SNS로 링크(link)가 될 수 있도록 하는 방안을 마련하는 것도 필요할 것이다.

5. 앱(app)과 연계한 인터넷창업

스마트폰의 이용이 활성화되면서 음식배달을 전문으로 하는 앱(app)뿐만 아니라 특정 창업분야를 홍보하고 상품을 판매하기 위해 다양한 앱(app)이 많이 개발되어 운영되고 있는 실정이며, 실제로 많이 사람들이 이용하고 있다. 예를 들어, 외식창업을 하는 경우에는 직접 앱을 개발하여 운영하기보다는 아래와 같은 인지도가 높은 배달앱에 광고(입점)를 하는 것이 홍보의 측면에서 더 유리할 수 있다.

① 배달의 민족(www.baemin.com)
② 요기요(www.yogiyo.co.kr)
③ 배달통(www.bdtong.co.kr)
④ 맥딜리버리(www.mcdelivery.co.kr)

한편, 앱(app)은 전문업체에 의뢰하여 개발할 수도 있지만, 다음(Daum) 및 네이버(Naver)의 카페앱을 활용할 수도 있다. 즉, 휴대폰의 [Play 스토어]에서 다음 카페(Daum cafe) 혹은 네이버 카페(Naver cafe)을 검색한 후에 [설치]를 클릭하면 된다([그림 10-5] 참조). 지금까지 전문 업체의 의뢰하여 개발한 앱에 비하여 다음(Daum) 및 네이버(Naver)의 카페앱은 다음과 같은 특징 및 장점

[그림 10-5] 카페앱

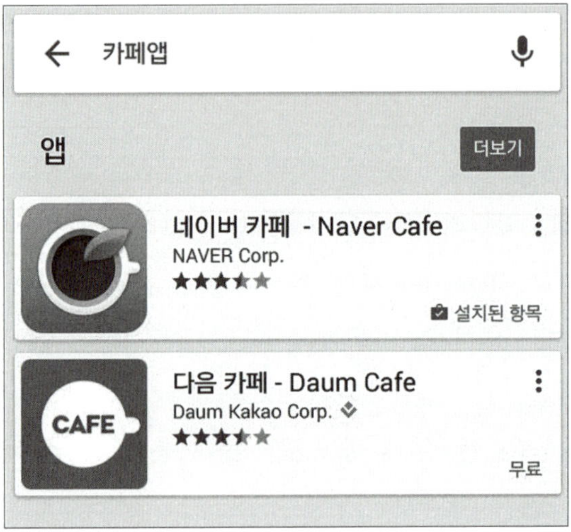

이 있다.

① 카페앱은 평생 무료로 사용할 수 있다.

② 대부분의 사람들은 다음(Daum) 혹은 네이버(Naver)의 아이디(ID)를 갖고 있기 때문에, 고객들이 인터넷창업자의 카페앱에 신규로 가입하거나 접근하기에 매우 편리하다.

③ 다음(Daum) 혹은 네이버(Naver)의 카페는 누구나 쉽게 사용할 수 있다는 장점이 있으며, 홍보하고 싶은 분야의 카페를 개발하는 데에도 많은 시간이 소요되지 않는다.

④ 휴대폰에서 사용하는 다음(Daum) 혹은 네이버(Naver)의 카

페앱은 키워드 광고를 진행할 수 있으며, 이로 인한 홍보 효과는 매우 크다고 할 수 있다.

⑤ 카페앱은 여러 개를 개설하여 운영할 수 있으며, 스크랩 기능을 활용하여 동일한 회사에서 개발된 카페앱 간의 자료 이동도 자유롭게 할 수 있다는 장점이 있다.

⑥ [상품등록게시판]을 활용하면, 카페앱에서도 상품등록 및 판매가 가능한 인터넷창업이 얼마든지 가능하다.

6. 키워드 광고를 활용한 SNS의 인지도 향상

창업기업에서 홍보, 광고 및 상품판매를 위해 운영하는 다양한 종류의 SNS 사이트들을 많은 사람들에게 홍보하거나 접속하도록 하기 위해서 가장 효과적인 방법이 바로 SNS 내에서 진행할 수 있는 유료 광고라고 할 수 있다. 물론 모든 SNS 사이트들에 대해 유료 광고를 진행할 수 있는 것은 아니지만, 요즈음은 유료 광고를 진행할 수 있는 방법이 다양하고 점점 더 발전되어 가고 있기 때문에 유료 광고가 가능한 SNS 사이트들을 선별한 후에 적극적으로 유료 광고를 진행하는 것이 필요하다.

한편, Daum 및 Naver 등의 포털사이트에서 진행할 수 있는 SNS 사이트에 대한 키워드 광고(keyword advertising)는 특정 키워드, 즉 검색어의 검색결과에 관련 있는 업체광고를 게재하는 100% 타겟팅된 맞춤광고 서비스이다. 키워드 광고는 해당 키워드를 검색하는 고객에게만 사이트를 홍보할 수 있어 보다 잠재구매력이 높은 고객을 자신의 사이트로 이끌어준다. 이러한 키워드 광고는 아래와 같이 크게 두 가지 방식으로 설명할 수 있는데, 국내 주요 포털사이트에서의 키워드 광고는 자주 변경된다는 것을 고려할 필요가 있다.

① CPC(cost-per-click) **방식 광고**: 검색이 일어난 후에 노출되는 횟수에 상관없이 고객이 사이트를 클릭했을 때에 비용이 지불되는 방식을 말한다. 즉, 광고주가 원하는 금액만큼 일정금액을 먼저 예치시킨 다음에 키워드 검색의 결과에 사이트를 노출을 시키고, 링크되어 있는 사이트를 클릭했을 때에 클릭당 비용을 차감시켜 나가는 방식을 말한다.

② CPM(cost-per-mille) **방식 광고**: 일정기간 동안에 진행되는 광고에 대해 고정금액을 정액제로 지정한 후에 노출과 클릭에 상관없이 그 금액만큼만 진행되는 광고 방식을 말한다. 이 광고의 장점은 일정기간 동안 그 금액만 지급하면 그 고정 자리를 유지하므로 특별한 관리가 필요 없다는 점이다. 국내 포털사이트에서 진행되는 광고로는 다음-스페셜 링크가 있다.

한편, 웹사이트 혹은 카페(cafe)의 홍보를 위한 키워드 광고는 다음(Daum)의 첫 화면 맨 아래에 있는 광고안내(☎1566-2100, [그림 10-6] 참조), 네이버(Naver)의 첫 화면 맨 아래에 있는 광고(☎1588-5896, [그림 10-7] 참조), 네이트(Nate)의 첫 화면 맨 아래에 있는 키워드 광고문의(☎1599-3401)에서 자세하게 알 수 있다. 사실, 키워드 광고를 처음 시작하려고 하는 경우에는 어떤 키워드 광고를 해야 할지를 잘 모르는데, 그러한 경우에는 전화로 상담을 받는 것이 필요하다. 또한 주요 포털에서 진행하고 있는 키워드 광고정책은 가끔 변경되는 경우가 발생하기 때문에 정기적으로 다음(Daum)의 광고안내, 네이버(Naver)의 광고, 그리고 네이

[그림 10-6] Daum 광고

[그림 10-7] Naver 광고

트(Nate)의 키워드 광고문의에 접속하여 광고정책에 어떤 변화가 있는지를 살펴보는 것이 필요하다.

또한 다음(Daum)과 네이트(Nate)가 2011년 6월부터 키워드 광고분야에서 제휴를 하였다(아이뉴스24, 2011.04.14). 이에 따라 창업자의 사이트 주소를 알려주고, 어떤 키워드를 선정하는 것이 좋은지, 한 달에 얼마 정도의 광고비를 책정하는 것이 바람직한지 그리고 제휴 포털 간의 키워드 광고 진행 방법 등에 대한 상담을 받는 것이 좋다. 아울러, 정기적으로 키워드 광고 사이트 내의 광고효과 보고서를 살펴봐야 한다. 즉, 개별 키워드별로 노출횟수, 클릭횟수, 클릭률, 평균클릭비용, 총비용을 살펴보면서 특정 키워드 광고를 계획해야 할지 혹은 중단해야 할지를 판단해야 한다.

한편, 네이버(Naver)에서는 검색광고(searchad.naver.com)의 교육센터에서 온라인 교육 및 오프라인 교육에 대한 자세한 정보들을 제공하고 있으며, 다음(Daum)에서는 검색광고(adnetworks.biz.daum.net)의 교육정보센터에서 온라인 교육 및 오프라인 교육에 대한 정보를 제공하고 있다. 이에 따라 창업자들은 네이버(Naver) 및 다음(Daum)에서 제공하고 있는 정보들을 자세하게 살펴보는 것이 효과적인 키워드 광고의 진행을 위해서 도움이 될 것이다.

한편, 네이버(Naver)에는 지식쇼핑(shopping.naver.com)이라는 독특한 광고상품이 있는데, [입점안내]에서 자세한 내용을 소개하고 있다. 다음(Daum)에는 쇼핑하우(shopping.daum.net)를 운영하고 있는데, 네이버(Naver)의 지식쇼핑과 유사한 방식으로 운영하고 있다. 한편, 네이버 지식쇼핑의 입점과 비용은 아래의 두 가지로 구분할 수 있다.

① **CPC(Cost Per Click) 과금**: 네이버 지식쇼핑은 상품구매 의사가 있는 이용자가 브라우징 또는 검색을 통해서 해당 상품을 확인하고, 상품을 클릭하여 입점사의 쇼핑몰로 넘어갈 때마다 일정 금액(클릭당 단가)이 부과된다. 이러한 과금체계를 CPC 과금이라고 하며, CPC 과금은 상품이 등록된 카테고리별로 나누어 차등 적용된다.

② **CPS Package 입점**: CPS Package 입점시 매월 고정비와 지식쇼핑을 통한 매출액의 일정 %를 판매수수료로 부과한다. 입점을 하기 위해서는 쇼핑몰을 오픈한 지 6개월 이상되고, 성인용품이나 네이버에서 취급하지 않는 상품을 제외하면 입점이 가능하다.

☞ [상품을 판매하는 SNS에 대한 광고] SNS 자체 내에서 진행할 수 있는 광고뿐만 아니라 네이버(Naver), 다음(Daum), 구글(Google) 등의 포털 사이트에서 진행할 수 있는 다양한 광고에 대해서도 관심을 갖는 것이 필요하다.

7. 언론을 활용한 SNS 홍보

(1) 언론을 활용한 홍보를 적극적으로 진행

언론홍보는 기업, 단체 또는 관공서 등의 조직체가 커뮤니케이션(communication) 활동을 통하여 스스로의 생각이나 계획, 활동, 업적 등을 널리 알리는 활동을 말하는데, 광고의 대가를 지불하지 않는다는 특징이 있다. 즉, 신문, 잡지, 라디오, TV뉴스 등에 기업의 제품이나 서비스 혹은 기업 이미지를 뉴스거리로 제공할 수가 있다(박진용, 2005.6.25).

사실, 창업기업의 경우에는 언론을 잘 활용하면 돈을 거의 들이지 않고도 엄청난 홍보효과를 기대할 수 있는데, 대부분의 벤처 혹은 창업보육센터 입주기업들의 경우에는 홍보를 전담하는 직원이 없는 실정이다. 또한 언론을 통한 홍보의 중요성은 인식하고 있지만, 언론에 부탁을 해야 한다고 생각하거나 많은 돈 혹은 든든한 인맥이 있어야 가능하다는 생각을 하고 있다. 하지만, 많은 언론관계자들을 만나보면 기사거리가 될 만한 정보에 목말라 하고 있으며, 좋은 기사거리를 늘 원한다는 것을 알 수 있다.

필자가 1998년 8월부터 창업분야에서 일한 경험을 토대로 언론을 활용한 효과적인 홍보방법을 제시하면 다음과 같다. 사실, 일부 벤처기업들 중에는 언론에 기사 외의 다른 수단으로 접근하는 경우가 많은데 그것은 잘못된 것이며 평생 동안 함께 갈 좋은 친구를 사귄다는 마음으로 언론에 접촉하는 것이 좋을 것이다.

① 언론에게는 좋은 기사를 준다는 생각을 가져야 한다. 일시적인 목적을 달성하기 위해 과장되거나 사실과 다른 자료를 언론에 보냈을 때에는 장기적으로 창업기업의 신뢰에 큰 손실을 감수해야 함을 생각해야 한다.

② 회사에서 신제품 및 신기술을 개발했거나 새로운 경영성과가 있을 때에는 보도자료를 작성하여 언론에 메일로 발송하면 된다. 이런 것도 보도가 되겠나 하는 부정적인 생각보다는 기자의 입장에서 판단할 수 있도록 맡기면 되는 것이다.

③ 창업기업의 사회적 책임을 생각하고, 이윤추구 외의 사회적 활동에도 적극 참여한다. 요즈음 많은 벤처기업에서도 공익적 활동에 참여함으로써 자사의 인지도 혹은 신뢰성을 높이는 활동에 적극 참여하고 있는 실정이며, 그렇게 함으로써 자연스럽게 언론에 노출될 수 있을 것이다.

④ 인터넷 언론을 효과적으로 활용하는 것은 매우 중요하다. 현재 국내에는 신문을 제작하는 언론과 인터넷에서만 존재하는 언론으로 구분할 수 있다. 인터넷 언론은 상대적으로 보도될 가능성이 더 높으며, 언론보도로 인한 효과 또한 신문을 제작하는 언론사에 비해 결코 떨어지지 않는다. 주요 언론사는 연합뉴스(www.yonhapnews.co.kr), 뉴스와이어(www.newswire.co.kr), 뉴시스(www.newsis.com), 프레시안(www.pressian.com) 등이 있다.

⑤ 특정 언론사의 기사가 다음(Daum), 네이버(Naver), 구글(google), 네이트(nate) 등의 포털에 등록되는가 하는 것을 확인해야 한다. 이러한 포털에 기사가 등록되는 언론사가 상대적으로 더 효과가 있다는 것을 생각해야 하는데, 포털에 등록된 기사들은 포털 사이트가 폐쇄되지 않으면 영구적으로 기사 검색이 가능하기 때문이다.

⑥ 언론에 보도 자료를 배포할 때에는 상품을 등록하여 판매하고 있는 다양한 종류의 SNS사이트들로 직접 연결(link)이 될 수 있는 인터넷 창업자의 메인(main) 혹은 대표 사이트가 반드시 포함되도록 하는 것이 필요할 것이다.

(2) 뉴스와이어와 뉴시스의 이해와 활용방법

창업을 하면 판매하는 상품과 서비스를 고객들에게 알려야 하는데, 돈이 많이 들어가는 광고보다는 언론홍보를 활용하는 것이 좋다. 우선 언론홍보는 고객들에게 신뢰를 주고 언론기사가 다음, 네이버, 네이트, 구글 등의 포털에서 검색이 되기 때문에 홍보의 범위가 넓으면서 효과가 오래 지속된다는 장점이 있다.

하지만, 초보창업자가 언론에 홍보를 한다는 것은 쉬운 일이 아니다. 특히 신문을 제작하고 있는 언론사에 기사를 게재하는 것은 매우 힘든 일이라고 할 수 있다. 그렇기 때문에 사이버 공간에 존재하는 언론사를 우선적으로 찾아보는 것이 좋은데, 처음에는 뉴스와이어(www.newswire.co.kr), 뉴시스(www.newsis.

com), 연합뉴스(www.yonhapnews.co.kr) 등을 활용하여 언론홍보를 시작해 보는 것도 좋은 방법이다.

① **뉴스와이어**(www.newswire.co.kr)

뉴스와이어에서는 기업의 보도자료를 효과적으로 홍보할 수 있는 다양한 서비스를 제공하고 있는데, 보도자료를 언론과 포털에 10회 단위로 전송할 수 있는 쿠폰을 저렴한 가격에 미리 구입하여 사용하면 된다. 자세한 내용은 [서비스 안내] 메뉴에서 [보도자료 서비스]의 [서비스 신청]에서 확인할 수 있다. 뉴스와이어 서비스는 다음, 네이트, 구글 등에 보도자료가 등록된다는 장점이 있다.

② **뉴시스**(www.newsis.com)

뉴시스는 뉴시스와이어(www.newsiswire.co.kr)에서 보도자료를 작성하고 배포하는 서비스를 제공하고 있는데, 보도자료를 보낼 수 있는 포인트를 10회 단위로 구매하면 된다. 뉴시스의 보도자료들은 다음, 네이트 등의 주요 포털에 등록된다는 특징이 있다.

한편, 뉴스와이어와 뉴시스를 효과적으로 활용하기 위해서는 언론에 보도될 만한 것이 있어야 하는데, 다음과 같은 방법을 활용하면 효과적이다.

① 새로운 기술의 개발, 제품의 출시, 새로운 시장의 진출, 해외 수출 계약, 새로운 공장 및 시설의 설치 등 무엇인가 새로운

성과가 있을 때마다 보도자료를 작성하여 배포한다.

② 보도자료를 배포할 때에는 반드시 관련 사진도 함께 등록한다. 또한 보도자료 내에 창업기업의 웹사이트 주소 및 전화번호를 반드시 포함시키는 것이 좋은데, 그렇게 해야 보도자료의 효과가 장기간 지속될 수 있다.

③ 보도된 기사는 반드시 스크랩을 한 후에 회사의 웹사이트, 카페(cafe)와 블로그(blog), 트위터, 페이스북 등에 추가적으로 등록한다. 그렇게 하면 하나의 기사가 여러 개의 사이트에 등록되며, 그만큼 홍보효과는 커진다는 것이다.

④ 뉴스와이어 및 뉴시스 외에도 연합뉴스(www.yonhapnews.co.kr)에서도 일정 비용을 받고 보도자료를 배포하고 있는데, 자세한 것은 홍보기획부(02-398-3551, 3569, dcon@yna.co.kr)로 문의하면 된다.

(3) 언론홍보를 위한 메일주소의 확보 방법

언론홍보를 위해 가장 중요한 것은 창업한 업종과 관련된 기사를 작성하고 보도하는 기자들의 메일주소를 확보하는 것이라고 할 수 있는데, 저자의 경험으로는 아래의 방법들이 있다.

① 먼저 기자들의 명단을 확보해야 하는데, 신문과 방송(라디오, TV)으로 구분하여 조사하는 것이 필요하며, 동시에 중앙지 기자와 지방지 기자들을 구분하여 메일 주소를 수집하는 것이 필요하다.

② 미디어다음(media.daum.net), 네이버 뉴스(news.naver.com), 구글 뉴스(news.google.co.kr) 등에서 창업한 업종과 관련된 기사들을 검색하여 기자의 이름과 메일주소를 수집할 수 있다. 예를 들어, '커피숍' 키워드로 검색을 하면 커피숍의 창업과 관련된 기사를 작성한 기자들의 이름과 메일 주소를 파악할 수 있다.

③ 대체로 기자들은 담당업무가 2~3년 주기로 변경되기 때문에 2~3년에 한 번은 언론사별로 창업한 업종과 관련된 기사들을 작성하는 기자의 이름 및 메일주소를 수집하고 재정리하는 것이 필요하다.

④ 언론 보도자료를 배포하고 나면, 가끔 추가적인 취재를 위하여 기자들로부터 전화를 받게 되는데, 이때에는 반드시 기자들의 휴대폰 번호를 알아두는 것도 향후 추가적인 언론보도를 위해서도 필요하다.

☞ [언론홍보의 선택 및 활용] 언론을 활용한 홍보는 크게 두 가지의 종류로 구분할 수 있는데, 첫 번째는 해당 언론사의 기자가 취재를 하여 보도되는 기사를 통해 간접적으로 홍보가 되는 경우가 있다. 두 번째는 인터넷에만 존재하는 언론사에 일정 비용을 지불한 후에 인터넷 창업자가 홍보하고 싶은 내용에 대한 보도자료를 작성하여 등록 및 배포하는 경우가 있다. 이렇게 언론홍보를 진행함에 있어서 생각해야 할 것은 둘 중에 어느 방식을 선택할 것인가 하는 것이 아니라 기사가 네이버(Naver), 다음(Daum) 등의 포털 사이트(portal site)의 뉴스 검색에서 검색이 되는 언론홍보의 방법을 선택하는 것이 가장 효과적이라는 것이다.

8. 상가책자 및 생활정보지를 연계한 홍보 및 광고

상가책자와 생활정보지를 활용하여 홍보와 광고를 할 때에는 기업의 다양한 SNS 사이트들의 주소를 포함시키는 것이 필요하며, 상가책자 및 생활정보지에서 상품 정보를 확인한 고객들을 SNS 사이트로 유입시키기 위해서는 할인, 경품 등을 제공하는 것이 필요할 것이다. 즉, 장기적인 관점에서 SNS 홍보, 광고 및 상품판매의 효과를 높이기 위해서는 온라인(on-line)과 오프라인(off-line)을 연계시키는 노력이 필요하다는 것을 의미한다.

(1) 상가책자

요즈음 어느 집이든지 상가책자 5~10권 정도는 있으며, 동네에 있는 배달음식점, 세탁소, 미장원, 수선집 등 다양한 점포들을 광고하고 있다. 이러한 상가책자들은 비용에 비하여 홍보효과가 비교적 좋으면서 단골고객들을 확보할 수 있다는 장점이 있으며, 무점포 창업아이템으로도 각광을 받고 있는 실정이다.

상가책자를 제작해주는 웹사이트들은 다음과 같으며, 협약을 맺은 점포주들이 공동의 마케팅을 위해 상가책자를 제작하여 배포하는 것이 좋다. 또한, 개별 상가에서 발행한 쿠폰들을 공동으로 이용할 수 있도록 하는 것도 상호 발전을 위해 고려할 수 있을 것이다. 즉, 상가책자에 있는 모든 업소에서 발행한 쿠폰은 공동으로 사용할 수 있게 하는 것은 서로의 발전을 위해 많은 도움이 될 것이다.

① 상상애드(www.sangsang-ad.com)

② 스마트디앤피(www.smartdnp.com)

③ 캐시큐(www.cashq.co.kr)

④ 을지기획(www.ejpr.co.kr)

(2) 생활정보지

생활정보지는 주로 소규모의 광고로 지면을 채워 무가로 배포하는 신문이며, 독자가 많고 일반 유가지에 비해 광고비가 싸기 때문에 소규모 안내광고에 적합한 매체이다. 생활정보지는 1989년 대전에서 『교차로』가 처음으로 창간한 이래, 급속히 늘어나 지금은 파악된 것만 해도 230여 종에 이른다. 1998년 기준으로 생활정보지의 시장규모는 5,000억 원대 규모로 추산되고 있다. 『벼룩시장』과 더불어 정보지 시장에서 가장 큰 회사인 『교차로』의 현황을 보면, 전국에서 90여개 지역판을 발행하며 하루 200여만 부를 배포한다. 인터넷이 보급되면서 생활정보지는 인터넷판도 발행되고 있다(한국학중앙연구원, jinju.grandculture.net).

① 벼룩시장(www.findall.co.kr)

② 교차로(www.icross.co.kr)

③ 대구 동네방네(www.d4b4.co.kr)

9. 오픈마켓에서 샵(shop)을 운영하기

SNS를 활용한 인터넷창업을 진행하면서 한 가지 더 생각해야 할 것은 아래와 같은 오픈마켓에서 샵(shop)을 개설하여 운영하는 것이 필요한데, 그 이유는 다음과 같다.

① 옥션에서 스토어(store) 운영하기
② G마켓에서 미니샵(minishop) 운영하기
③ 이베이(eBay)에서 스토어(store) 운영하기

첫째, 아직은 SNS에서의 상품판매에 대한 신뢰가 부족한 상태에서 인지도가 높은 옥션, G마켓, 이베이 등에서도 상품판매를 하고 있는 판매자라는 것을 보여주는 것이 필요하며, 이를 통해 믿고 구매할 수 있는 판매자라는 것을 알려주는 것이 필요하다는 의미이다. 특히 이베이(eBay)는 세계 3대 전자상거래 사이트 중의 하나이기 때문에 글로벌 고객들을 위한 상품판매를 위해서는 꼭 운영할 필요가 있다.

둘째, 아직은 SNS를 활용한 인터넷창업이 결제기능의 부족, 신뢰 부족 등으로 인해 오픈마켓에서의 샵(shop)을 활용하여 추가 수입을 확보하는 것이 필요할 것이다. 즉, 아직은 쿠팡, 인터파크, 옥션, G마켓, 11번가, 위메프, 티켓몬스터 등의 오픈마켓에 대한 소비자 관심도가 급증하고 있는 상황에서(소비자가 만드는 신문, 2020.1.22), SNS를 활용한 판매에만 집중하기보다는 당분간은 오픈마켓에서의 판매도 병행하는 것이 필요할 것이다.

☞ [YouTube 채널: 김영문_travel_and_sbiz]

유튜브(YouTube)에 등록되어 있는 제10장의 [SNS를 활용한 인터넷 창업의 성과 높이기]와 관련된 동영상 강좌는 다음과 같다.

① 언론을 활용한 홍보마케팅 방법

② 오픈마켓(옥션)의 이해 및 성공전략

③ G마켓의 상품등록 및 판매

④ 이베이(ebay)를 활용한 전자상거래

참 · 고 · 문 · 헌

[SNS를 활용한 인터넷창업]에 관한 저서를 집필함에 있어 인용하였거나 참고한 모든 문헌에 대해서는 감사의 말씀을 드리면서, 혹시라도 참고문헌에 모두 포함하려고 하였으나 고의가 아닌 실수로 인해 누락된 참고문헌도 있을 수 있다고 생각합니다. 그러한 경우에는 메일(isoho2jobs@gmail.com)로 꼭 알려주시면, 반드시 포함시키도록 하겠습니다.

경기지방중소기업청, 소상공인! 알아야 성공한다, 2003

경남도민일보, "파워블로그", 2013.1.30.

경향신문, "내년부터 미용실 · SNS 마켓 등 10만원 이상 거래시 현금영수증 발급해야", 2020.12.15.

김영문, 창업입문, 집현재, 2015

김영문, 한루만에 인터넷쇼핑몰 창업하기, 집현재, 2014

김영문, 무점포 1인 창업하기, 집현재, 2014

김영문, 무점포 무일푼으로 인터넷창업하기, 집현재, 2013

김영문 · 조현숙, 포토샵과 HTML의 활용, 집현재, 2016

빅데이터뉴스, "광양시, '광양관광' SNS크리에이터 모집", 2021.1.25.

노기엽, "입지선정에는 예행연습이 없다", 창업&프랜차이즈, 2004.2

뉴시스, "메이크샵, SNS 전용 '마이소호' 원스톱 패키지 출시", 2019.9.10.

뉴스1, "애경산업 'AK 러버 서포터즈' 모집…화장품 · 생활용품 SNS서

홍보”, 2021.1.25.
뉴스메이커, “‘합해서 천만 관광객 만들기’ 합천관광 SNS서포터즈 모집”, 2021.1.23.
뉴스와이어, “광고와 홍보의 5가지 기본적 차이”, 2014.9.2
뉴스핌, “소셜커머스 출범 4년…‘빛과 그림자’”, 2014.08.21.
뉴스토마토, “온라인 개학 첫날…‘출석체크’ 카카오톡 · 네이버 밴드 ‘서비스 원활’”, 2020.4.9.
뉴스토마토, “카페 · 블로그 지고, SNS · 메신저 뜬다”, 2011.9.16.
동아일보, “한국인이 가장 오래 사용한 SNS는?”, 2020.12.29.
동아일보, “설선물 SNS로 보내요”, 2020.12.31.
디지털타임즈, “메이크샵, ‘마이소호’ 솔루션 개편”, 2017.6.1.
라이센스뉴스, “롯데제과 ‘디저뜨와’, SNS 이벤트 ‘홈카페 챌린지’ 진행”, 2020.12.28.
매경이코노미, “고객맞춤형 세일즈맨”, 2004.10.20.
매일경제, “LG유플러스, 비대면 시대 ‘뉴포맷콘텐츠’로 SNS 마케팅 선도”, 2020.11.11.
매일경제, “TV보다 SNS 광고시장이 더 커졌다…글로벌 액수 올해 처음 역전”, 2020.10.25.
박영만, “방송을 타게 만들어라”, 창업&프랜차이즈, 2003.8
박영만, “웹사이트 홍보,” 창업&프랜차이즈, 134-135, 2003.10
베타공간, “마크 저커버그는 왜 페이스북을 만들었나”, blog.naver.com/edelsoft
브라이언 트레이시, 판매의 원리 1, 2, 씨앗을 뿌리는 사람, 2004
서울경제, “SNS 공유하면 파격 특가…티몬 ‘공유타임’ 오픈”, 2021.1.19.

소비자가 만드는 신문, "오픈마켓 소비자 관심도 급증…쿠팡 1년 만에 83% 성장", 2020.1.22.

시사오늘, "우리가 최대 거래"…소셜커머스 3사, '거래액 신경전', 2016. 02.19

신동아, "유통 신흥 강자 SNS 1인 마켓의 명암", 2019년 5월호

신아일보, "밀양, SNS알리미 20명 위촉장 수여", 2021.1.24.

아시아타임즈, "정보 · 통신사, '원격수업' 관련 서비스 출시", 2020.4.18.

에너지경제, "실시간 경쟁 시대 맞은 '커머스'", 2021.1.13.

영남일보, "대구 수성아트피아, 다음 달 5일까지 SNS 홍보단 모집", 2021.1.24.

오힘찬, "페이스북은 다시 전자상거래에 뛰어들었다", 2020.5.21.

이뉴스투데이, "과천시, SNS 시민기자단 활동 개시를 위한 발대식 개최", 2021.1.25.

이튜뉴스, "간편결제 통합서비스 페이몰(Paymall), 쇼핑몰 없이 상품 판매 가능한 '블로그 결제' 서비스 제공", 2019.5.26.

전남일보, "서구, 불법현수막 과태료 4000만원 부과 '강력대응'", 2015. 4.2

전자신문, "네이버 블로그에 상품 결제 붙인다 '블로그마켓' 선보여", 2020.12.01

중소기업청, 창업절차, 1999.10

중소기업청, 소점포경영론, 2002.4

조선일보, "한국 SNS 사용률 세계 3위… 가장 많이 쓰는 건 '네이버 밴드'", 2020.9.7.

조선일보, "신한은행, 공식 SNS 팔로워 150만명 돌파", 2020.7.21.

조선일보, "CJ ENM, 유튜브 상품 연동 기능 제공", 2020.7.1.
최재희, 소자본 창업, 어떻게 할까요?, 중앙경제평론사, 2003
충청투데이, "향수옥천 SNS 홍보 서포터즈 모집", 2021.1.24.
키뉴스, "2018년 한국인이 가장 많이 이용한 SNS 앱… 1위 밴드", 2019.01.31.
한경비즈니스, "새롭게 뜨는 SNS, 뭐가 있나 '2세대' 급성장…콘텐츠 중요성 '쑥쑥'", 2013.7.5.
한겨레, "SNS 점령한 '눈오리' 인증샷…폭설에 '품절사태'", 2021.1.7.
한국경제, "'좋아요' 누르고 제품도 구매…페이스북, 쇼핑 진출", 2016.9.12.
한국경제, "네이버밴드 vs 카카오톡 '온라인 개학' 정조준", 2020.4.16
현대해양, "울산항만공사, '언택트 넘어 온택트로' SNS 이벤트 개최", 2020.9.14.
헤럴드경제, "강릉시, '제9기 강릉시 SNS서포터즈' 25명 선발", 2021.1.25.
Boyd, D. M. & Ellison, N. B.(2008), Social Network Sites: Definition, History, and Scholarship, *Journal of Computer-Mediated Communication*, 13, 210~230
Catalk, "미국에서 인기 있는 SNS 종류 10가지", 2018.3.12.
네이버 백과사전, 100.naver.com
네이버 소프트웨어, software.naver.com
네이버 지식백과, terms.naver.com
다음 어학사전, dic.daum.net
마켓코리아, www.marketkorea.com
블로그페이, blogpay.co.kr

송교수의 맛집경영이야기, blog.naver.com/weely9570

위키독, ko.discord.wikidok.net

위키백과, ko.wikipedia.org

제이와이, blog.naver.com/oug20109

한국학중앙연구원, jinju.grandculture.net

App Ape, ko.appa.pe

blog.naver.com/geekpride87, 마스토돈: Mastodon, 2018.10.22

blog.naver.com/serenbip, 글로벌 SNS 텀블러, 2018.8.1.

blog.naver.com/666dbsrl

blog.naver.com/idahoya

cyber.sangji.ac.kr, 쉬운 온라인 수업을 위한 밴드 라이브 및 사용 가이드, 2020.03

m,blog.naver.com/hksns/221762597168

www.facebook.com/business/industries/ecommerce

SNS를 활용한 인터넷창업

초판인쇄 | 2021년 4월 5일
초판발행 | 2021년 4월 12일

저 자 | 김 영 문
발 행 인 | 위 호 준
발 행 처 | 도서출판 집현재
04091 서울특별시 마포구 토정로 222
한국출판콘텐츠센터 417호
전화 (02)332-4922 Fax (02)3142-4922
홈페이지: www.jhjbook.co.kr
e-mail: jyp4922@naver.com

출판등록 | 2010년 10월 25일
등록번호 | 제105-91-57581호

정가 16,000원 ISBN 979-11-89295-93-6